It is to Wonder
Es para Maravillarse

A collection of stories and photographs by ▸ Una colección de historias y fotografías de

Elsmarie Norby

Copyright © 2024 Elsmarie Norby

All rights reserved. No part of this publication may be reproduced, distributed, or transmitted in any form or by any means, including photocopying, recording, or other electronic, digital, or mechanical means, without the prior permission in writing of the author.

Despite all reasonable efforts by the author and publisher to locate and/or contact the copyright owners (creators) of a small number of publicly-available photographs of public figures contained within this work, said images remain unattributed. In all such cases, this is indicated by the caption "Photographer Unknown / Fotógrafo Desconocido." As the owner/creator of any of these images, you are hereby requested to immediately contact the author or publisher so that full attribution, compliance with any license for use, and adherence to any rules for use may be arranged in future [print-on-demand] printings of this work, or—in the event such permissions are specifically not granted—that any affected photographs may be removed prior to subsequent printings.

ISBN 979-8-9885382-4-0

Standard Color Edition · April 2024

All photographs by Elsmarie Norby
(unless otherwise noted in captions)
Produced by Ellen and Alex Morrison
Cover and interior design by Jon Welsh
Translated to Spanish by Erika Espada-Welsh
Cover photographic model: *Guadalupe Ramírez Ramírez*
(used with parental permission; document on record)

Derechos de Autor © 2024 Elsmarie Norby

Reservados todos los derechos. Ninguna parte de esta publicación puede reproducirse, distribuirse o transmitirse de ninguna forma ni por ningún medio, incluidas fotocopias, grabaciones u otros medios electrónicos, digitales o mecánicos, sin el permiso previo por escrito del autor.

A pesar de todos los esfuerzos razonables por parte del autor y el editor para localizar y/o contactar a los propietarios de los derechos de autor (creadores) de una pequeña cantidad de fotografías disponibles públicamente de figuras públicas contenidas en este trabajo, dichas imágenes permanecen sin atribuir. En todos estos casos, esto se indica con la leyenda "Photographer Unknown / Fotógrafo Desconocido." Como propietario/creador de cualquiera de estas imágenes, por la presente se le solicita que se comunique inmediatamente con el autor o editor para que la atribución completa y el cumplimiento de cualquier licencia para su uso, y se puede disponer el cumplimiento de las reglas de uso en futuras impresiones [impresión bajo demanda] de este trabajo o, en el caso de que dichos permisos no se otorguen específicamente, que cualquier fotografía afectada pueda eliminarse antes de impresiones posteriores.

ISBN 979-8-9885382-4-0

Edición en Color Estándar · Abril 2024

Todas las fotografías de Elsmarie Norby
(a menos que se indique lo contrario en los subtítulos)
Producida por Ellen y Alex Morrison
Diseño de portada e interior de Jon Welsh
Traducido al español por Erika Espada-Welsh
Modelo fotográfico de portada: *Guadalupe Ramírez Ramírez*
(utilizado con permiso de los padres; documento registrado)

Dedication

This book is dedicated to the children of San Miguel de Allende, San Miguel Viejo, and *Ojalá Niños*, who taught me valuable lessons about how children learn, and brought so much joy and, yes, *wonder* to the past 26 years of my life. In all of my days with you, I saw only kindness and cooperation.

Dedicatoria

Este libro está dedicado a los niños de San Miguel de Allende, San Miguel Viejo y *Ojalá Niños*, quienes me enseñaron valiosas lecciones sobre cómo los niños aprenden, y llenaron de inmensa alegría y *maravilla* los últimos 26 años de mi vida. En todos mis días con ustedes, sólo vi bondad y cooperación.

Special Thanks

A very special thank you to my children Ellen and Alex Morrison, for their willingness to take on the role of the producers of *It is to Wonder*. Without their assistance, this book may have never come to fruition.

Gracias Especiales

Un agradecimiento muy especial a mis hijos Ellen y Alex Morrison, por su disposición en asumir el papel de productores de *Es para Maravillarse*. Sin su ayuda, es posible que este libro nunca hubiera llegado a buen término.

Foreword

It is my hope and intention that the following true stories will offer you, the reader, a glimpse into the daily reality of poverty and oppression that afflicts the great majority of people on our planet. But, more, that your hearts will be opened and warmed by the love, generosity, kindness, and extraordinary resilience that is inherent in these same people.

— Elsmarie Norby

Prefacio

Es mi esperanza e intención que las siguientes historias reales le ofrezcan a usted, el lector, un vistazo a la realidad diaria de la pobreza y la opresión que aflige a la gran mayoría de las personas en nuestro planeta. Pero más aún, que sus corazones se abran y se sientan reconfortados por el amor, la generosidad, la bondad y la extraordinaria resiliencia inherentes a estas mismas personas.

— Elsmarie Norby

Contents

Prologue	The Dawning	1
1	Being the Other	9
2	It Is To Wonder	15
3	Music Matters in Every Life	29
4	Pepe's Story	37
5	Beto and the Yings	45
6	The Singing Children of San Miguel	53
7	San Miguel Viejo • My House	59
8	Martin and Pablo	65
9	Curious Children • Rosa Elena	71
10	Eva	77
11	The Welcome	81
12	Meeting My Neighbors	87
13	Walking the Dog	91
14	Washing the Car	97
15	Neighbors • Again	103
16	Choral Concert at La Parroquia	107
17	Chamber Music in San Miguel Viejo	113
18	First Communion	119
19	Quinceañera	125
20	What is it About a Floor?	133
21	A Surprise Back Home	139
22	A Good Outcome	145
23	Forbidden Land	149
24	Tortillas With Love	157

Contenido

Prólogo	El Amanecer	1
1	Ser el Otro	9
2	Es para Maravillarse	15
3	La Importancia de la Música en la Vida	29
4	La Historia de Pepe	37
5	Beto y los Yings	45
6	Los Niños Cantores de San Miguel	53
7	San Miguel Viejo • Mi Casa	59
8	Martín y Pablo	65
9	Niños Curiosos • Rosa Elena	71
10	Eva	77
11	La Bienvenida	81
12	Conociendo a Mis Vecinos	87
13	Paseando al Perro	91
14	Lavando el Carro	97
15	Vecinos • Otra Vez	103
16	Concierto Coral en La Parroquia	107
17	Música de Cámara en San Miguel Viejo	113
18	Primera Comunión	119
19	Quinceañera	125
20	¿Qué Tiene un Piso?	133
21	Una Sorpresa de Regreso a Casa	139
22	Un Buen Resultado	145
23	La Tierra Prohibida	149
24	Tortillas Con Amor	157

25	A Fiesta	165
26	Help Comes	175
27	This is Called Art?	181
28	Behind the Eyes of the Other	187
29	Sculpture in the Campo	195
30	Riding in the Car	201
31	The Clinic	205
32	How to Eat Without Fire	211
33	Goin' to the Movies	217
34	Ojalá!	223
35	Stained Glass • Juan Daniel	229
36	Meeting the Yale Glee Club	235
37	Tennis Camp for Kids	243
38	Adventures in Art	251
39	Poet Laureate Richard Blanco	259
40	Cristobal • Marathon Runner	265
41	A House for the Nolascos	271
42	What is it About a Floor?	277
43	A Visit from 'Those People'	283
44	Christmas for Ojalá Niños	287
45	Literacy or Sheep	295
46	Meeting the Yale Symphony	301
47	Maestra, Remember Me?	309
48	A Song Behind a Door	313
	Acknowledgments	318
	About the Author	327

25	Una Fiesta	165
26	La Ayuda Viene	175
27	¿Esto se Llama Arte?	181
28	Detrás de los Ojos del Otro	187
29	Escultura en el Campo	195
30	Pasear en Coche	201
31	La Clínica	205
32	Cómo Cocinar sin Fuego	211
33	Ir al Cine	217
34	¡Ojalá!	223
35	Vitrales • Juan Daniel	229
36	Conociendo al Club Yale Glee	235
37	Campamento de Tenis para los Niños	243
38	Aventuras en el Arte	251
39	Richard Blanco, Poeta Laureado	259
40	Cristóbal • Corredor de Maratones	265
41	Una Casa para los Nolascos	271
42	¿Qué Tiene un Piso?	277
43	Una Visita de 'Esas Personas'	283
44	Navidad para Ojalá Niños	287
45	Educado o Borregos	295
46	Conociendo a la Sinfónica de Yale	301
47	Maestra, ¿Se Acuerda de Mí?	309
48	Una Canción Atrás de una Puerta	313
	Agradecimientos	319
	Sobre el Autor	327

The Dawning

I have lived in Mexico since 1997, originally in the beautiful city of San Miguel de Allende in the desert highlands of the state of Guanajuato. My life in San Miguel de Allende had been full: I taught music to numerous children and established choral groups and a music program in public schools. I had always been a doer in the worlds of music and photography, and an activist responding to need and injustice.

By 2007 I was 67 years old, and ready to drop out and lead what I thought would be a simple, solitary life.

I was drawn to a small rural village called *San Miguel Viejo* (Old San Miguel), home to the Indigenous group Otomí, who had first settled in this area around 1540. They became enslaved by the next wave of Spanish conquistadors, who seized enormous amounts of land and built massive working *haciendas* (estates).

The community was predominantly poor. I saw homes that were incomplete, cobbled together with found materials. My new neighbors all collected wood, which they used for cooking with huge pots over open fires on dirt floors. There were no internet, cable, or even landline phone services; they had only intermittent electricity and their water came from a 500-year-old well. Although the city of San Miguel de Allende was only three miles away, there was no bus service.

Many families in the area still live on plots of land their ancestors occupied when they were enslaved. I purchased a small parcel of land from a local family and began the construction of what—by the standards of many people—would be considered a very modest house. After five months

El Amanecer

He vivido en México desde 1997, originalmente en la hermosa ciudad de San Miguel de Allende en las tierras altas y desérticas del estado de Guanajuato. Mi vida en San Miguel de Allende había sido plena: enseñé música a numerosos niños y establecí grupos corales y un programa de música en escuelas públicas. Siempre he sido activa en los mundos de la música y la fotografía, y una activista que respondía a las necesidades y la injusticia.

En 2007 yo tenía 67 años y estaba lista para retirarme y llevar lo que pensé sería una vida sencilla y solitaria.

Me atrajo un pequeño pueblo rural llamado San Miguel Viejo, hogar del grupo indígena Otomí, que se había asentado por primera vez en esta zona alrededor de 1540. Ellos fueron esclavizados por los conquistadores españoles que se apoderaron de grandes cantidades de dinero, de tierra y construyeron enormes haciendas.

La comunidad era predominantemente pobre, había casas incompletas construidas con materiales que ellos encontraban en algún lado. Todos mis nuevos vecinos recogían leña y la utilizaban para cocinar en enormes ollas sobre fogones en suelos de tierra. No había servicios de Internet, cable, ni siquiera teléfono fijo; sólo tenían electricidad intermitente y el agua provenía de un pozo de 500 años de antigüedad. Aunque la ciudad de San Miguel de Allende estaba a sólo cinco kilómetros de distancia, no había servicio de autobús.

Muchas familias de la zona todavía viven en parcelas que ocuparon sus antepasados cuando fueron esclavizados. Entonces yo decidí comprar una pequeña parcela a una familia local y comencé la construcción de lo que, según los estándares de muchas personas, se consideraría una casa modesta. Después de cinco meses de

of watching the construction by a crew of extraordinary men using no machines or power tools, I gratefully moved into my new home.

For my new neighbors, who had so little of what most people take for granted, a single white woman living alone in a completed house was an utterly new and bewildering sight.

The children of the village began a daily routine of passing by my gate on the way home from the local kinder or primary school. Although extremely shy, they slowed down and peeked in to, hopefully, get a glimpse of "the woman" and her pets, a small dog named Peluche and a beautiful cat named Lucy. I later learned that animals are not considered pets to be cared for and loved. But my pets shared a home with me; yet another strange and puzzling aspect of this new lady in the neighborhood. As their curiosity grew, I could only imagine the stories they told at home.

One day I noticed the children frequently carried papers and over-chewed pencil stubs. That gave me an idea, so I ran into the house to fetch a box of new pencils, sharpened and complete with erasers, and handed one to each child. Every face blossomed into surprise mixed with gratitude.

Such a small act brought so much joy!

A few days later nine children appeared at the gate. I invited them into my patio to sit around a table. There were only six chairs, so the smaller children shared theirs.

supervisar la construcción hecha por un equipo de hombres extraordinarios que no utilizaban máquinas ni herramientas eléctricas, me mudé agradecida a mi nuevo hogar.

Para mis nuevos vecinos una mujer blanca y soltera que vivía sola en una casa terminada era un espectáculo completamente nuevo y desconcertante.

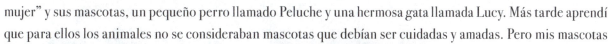

Los niños del pueblo comenzaron la rutina diaria de pasar por mi puerta de camino a casa desde la escuela primaria local. Aunque extremadamente tímidos, reducían la velocidad y se asomaban para ver a "la mujer" y sus mascotas, un pequeño perro llamado Peluche y una hermosa gata llamada Lucy. Más tarde aprendí que para ellos los animales no se consideraban mascotas que debían ser cuidadas y amadas. Pero mis mascotas compartían hogar conmigo. A medida que crecía su curiosidad, sólo podía imaginar las historias que contaban en casa.

Un día me di cuenta de que los niños frecuentemente llevaban papeles y trozos de lápices en mal estado. Eso me dio una idea, así que corrí a la casa a buscar una caja de lápices nuevos, afilados y con borradores, y le entregué uno a cada niño. En cada rostro se reflejaba sorpresa mezclada con gratitud.

¡Un acto tan pequeño trajo tanta alegría!

Unos días más tarde, nueve niños aparecieron en la puerta. Los invité a mi patio para sentarse alrededor de una mesa. Sólo había seis sillas, por lo que los niños más pequeños compartían lugar con los más grandes.

I gave each child two sheets of plain recycled paper and stood away to watch. For a while the children considered what to do with their sheets of paper. And then, using their brand-new pencils, they did everything imaginable to those sheets of paper. Every child was focused, engaged, and truly happy.

Then it dawned on me:

I'd given the children nothing more than a space and two simple materials, yet each child had, in their own unique way, immediately become creative.

Thus was born the educational philosophy and operating principle of what came to be named *Ojalá Niños*: To give children of all ages the opportunity and inspiration to discover their authentic, innate intelligence, ignite the spark for learning, and nurture the seeds of self-confidence and expression.

Le di a cada niño dos hojas de papel reciclado y me quedé a un lado para observar: Durante un rato, los niños pensaron qué hacer con sus hojas de papel. Y luego, utilizando sus flamantes lápices, hicieron todo lo imaginable con esas hojas. Los niños estaban concentrados, comprometidos y verdaderamente felices.

Entonces me di cuenta que les había dado a los niños más que un espacio y materiales simples, cada niño a su manera, se había vuelto creativo de inmediato.

Así nació la filosofía educativa de lo que se llamó *Ojalá Niños*: "Brindar a los niños de todas las edades la oportunidad de descubrir su inteligencia auténtica e innata, encender la chispa del aprendizaje y nutrir las semillas de la confianza en sí mismos."

Being the Other

The only child of Swedish immigrants, I was the first baby born in Chicago in the year 1940, on New Year's Day. We lived in a totally Swedish community on the west side of the city. When I was five, my parents bought a modest home eight blocks away, on a street that bordered the suburb of Oak Park—on the Oak Park side of the street.

It was time for school to begin and suddenly I found myself in another country, with another language and very different people. It was a shock for my parents when I came home crying every day. We were only blocks away from our church and Swedish family, but having to navigate a new world was awkward and mystifying. During my first three or four grades I had many experiences that labeled me as "different."

Michigan Avenue, Chicago, 1940 • Photograph by John Vachon
Avenida Michigan, Chicago, 1940 • Fotografía de John Vachon

In the sixth grade I was eleven and became very uncomfortable in some of my classes. Anything that had to do with American history or current events caused me to wonder, then question, then feel angry. I didn't know how to express myself and there was no one to talk to, but I knew that no one else was bothered in the same way that I was.

Ser el Otro

Hija única de inmigrantes suecos, fui la primer bebé nacida en Chicago en el año de 1940, el día de Año Nuevo. Vivíamos en una comunidad totalmente sueca en el lado oeste de la ciudad. Cuando tenía cinco años, mis padres compraron una modesta casa en una calle que colindaba con el suburbio de Oak Park, en el lado de la calle Oak Park.

Ya era hora de que empezara el colegio y de repente me encontré en otro país, con otro idioma y gente muy distinta. Para mis padres fue un shock cuando yo llegaba a casa llorando todos los días. Estábamos a solo unas cuadras de nuestra iglesia y de nuestra familia sueca, pero tener que navegar por un mundo nuevo era incómodo y desconcertante. Durante mis primeros tres o cuatro grados tuve muchas experiencias que me etiquetaron como "diferente."

En sexto grado tenía once años y me sentía muy incómoda en algunas de mis clases. Cualquier cosa que tuviera que ver con la historia de Estados Unidos o los acontecimientos actuales me hacían preguntarme, luego cuestionarme y por ultimo sentirme enojada. No sabía cómo expresarme y no había nadie con quien hablar, pero sabía que a nadie más le molestaba tanto como a mí.

Something was wrong about the early history of this country. We were supposed to appreciate the stories and feel patriotic about the lives of the great founding fathers, and the wars to bring independence and freedom for the victorious European newcomers. But nothing was ever said about the slavery or the tribal peoples who were the first ones here, and what the white Europeans did to them. I was white, too, but I found myself thinking about the others... the ones who were on the other side, who suffered and died, but were never talked about.

Again, I felt different, but it would be a long time before I understood those feelings: I was the product of another culture, and was never able to feel that I belonged to this one. As I grew into adulthood I constantly thought about—and looked for my place—on the planet outside of the United States.

The experiences I had during my years in San Miguel Viejo wove the two threads of my life's themes (activist and outsider) together to become a beautiful bow to bind fast my reason for being.

Algo andaba mal en la historia de este país. Se suponía que debíamos apreciar las historias y sentirnos patrióticos por las vidas de los grandes padres fundadores y las guerras para lograr la independencia y la libertad de los recién llegados europeos. Pero nunca se dijo nada sobre la esclavitud o los pueblos indígenas que fueron los primeros en llegar aquí, ni sobre lo que los europeos blancos les hicieron. Yo también era blanca, pero me puse en el lugar de los demás, de los que estaban del otro lado, los que sufrieron y murieron, pero de los que nunca se habló.

Nuevamente me sentí diferente, pero pasaría mucho tiempo antes de que entendiera esos sentimientos: era producto de otra cultura, y nunca pude sentir que pertenecía a ésta. A medida que crecí, yo pensé y busqué mi lugar constantemente fuera de Estados Unidos.

Las experiencias que tuve durante mis años en San Miguel Viejo entretejieron los hilos de los dos temas más importantes de mi vida (inmigrante y activista) para convertirse en un hermoso lazo para atar firmemente mi razón de ser.

It Is To Wonder

It is to wonder how certain moments can bring about feelings that change a life forever. My new life in the central highlands of Mexico started with a simple question:

"Have you ever been to Mexico?"

"No, I've never been attracted to beaches and resorts."

My new friends glanced sideways at each other with barely visible smiles and said, "Mexico has a big middle, and we live there—in the middle—in a beautiful small town called San Miguel de Allende. You must visit us sometime."

So began the saga that would take up the rest of my life.

I swallowed my embarrassment about my ignorance concerning the geography of Mexico, and began listening to the scintillating descriptions of their town, of which they were clearly proud.

We were at an art fair in Portland, Oregon, where my new friends Roger and Rosana were selling impressive sculptures of glass and wrought iron that had been made by artisans in a *rancho* (small rural community) outside of San Miguel de Allende.

This young couple was making a life's work of introducing the work of several indigenous peoples to a wider audience in the United States, thereby supplying the artisans with income that would not be possible locally.

In 1994, I was a 54-year-old woman, with four grown children, traveling to art shows selling my piano solo CDs and my photography, the results of the two creative passions that had been with me since childhood.

A few months later, I was a presenter at two conferences in Arizona, and had a six-day break between them. What to do? "Aha; I'll go to Mexico!"

Es para Maravillarse

Me pregunto cómo es que ciertos momentos pueden provocar sentimientos que cambian una vida para siempre. Mi nueva vida en la sierra central de México comenzó con una simple pregunta:

"¿Has estado alguna vez en México?"

"No, nunca me han atraído las playas y los lugares turísticos."

Mis nuevos amigos se miraron de reojo con sonrisas apenas visibles y me dijeron: "México tiene un gran lugar en el centro del país y nosotros vivimos allí, en un pequeño y hermoso pueblo llamado San Miguel de Allende. Debes visitarnos alguna vez."

Así comenzó la saga que ocuparía el resto de mi vida.

Me tragué la vergüenza por mi ignorancia sobre la geografía de México y comencé a escuchar las brillantes descripciones de su ciudad, de la cual ellos estaban claramente orgullosos.

Estábamos en una feria de arte en Portland, Oregón, donde mis nuevos amigos Roger y Rosana vendían impresionantes esculturas de vidrio y hierro forjado hechas por artesanos en un rancho en las afueras de San Miguel de Allende.

Esta joven pareja ha dedicado toda su vida a presentar el trabajo de varios pueblos indígenas a un público más amplio en los Estados Unidos, proporcionando así a los artesanos ingresos que no serían posibles a nivel local.

En 1994, yo era una mujer de 54 años, con cuatro hijos mayores, que viajaba a exposiciones de arte vendiendo mis discos compactos de piano y mi fotografía, resultados de las dos pasiones creativas que me habían acompañado desde la infancia.

Unos meses más tarde, fui presentadora en dos conferencias en Arizona y tuve un descanso de seis días entre ellas. ¿Qué hacer? "Ajá; ¡Iré a México!"

I contacted Rosana for directions and, since I would be arriving very late, she suggested a hotel for the first night.

"Just tell the taxi driver *'La Posada Carmina, por favor,'* and he'll know what to do," she said.

I soon found out what she meant by "he'll know what to do." The taxi stopped in a small lane, with only the sensation of massive buildings surrounding me in the dark. The driver got out, picked up a rock, and tapped on a wide wooden door. He turned to open my car door, and got my suitcase. As the hotel door slowly opened, I got my first breathtaking view of Mexico: Amid hundreds of tiny, soft lights, I saw trees, bushes, and plants, all flowering with colors I was sure I'd never seen before. There were statues and fountains, with beautifully set small tables scattered between.

A young man gestured to my left, to a wide curving staircase, took my bag, and led me to my room. "*Bienvenidos Señora, y buenas noches* (Welcome ma'am, and good night)."

I awoke to the tolling of enormous church bells, very close by. Still half-asleep, I went to the French doors, which opened onto a tiny balcony, and stepped outside to take my first deep breaths of the high desert air of San Miguel de Allende.

Straight ahead, almost touchable, was a magnificent church stretching into a clear blue sky; the main *parroquia* (parish church) of San Miguel de Allende. Having always been an admirer of old stone, this building—the *Parroquia de San Miguel Arcángel*—was a stunning sight.

Me comuniqué con Rosana para pedirle indicaciones y, como yo llegaría muy tarde, me sugirió un hotel para la primera noche.

"Solo dile al taxista 'La Posada Carmina, por favor' y él sabrá qué hacer," ella dijo.

Pronto descubrí lo que quería decir con "él sabrá qué hacer." El taxi se detuvo en una pequeña calle, donde yo sólo tenía la sensación de enormes edificios rodeándome en la oscuridad. El conductor bajo del auto, cogió una piedra y toco en una puerta de madera gigante. Se giró para abrir la puerta del auto y tomó mi maleta. Cuando la puerta del hotel se abrió lentamente, obtuve mi primera e impresionante vista de México: entre cientos de luces diminutas y suaves, vi árboles, arbustos y plantas, todos floreciendo con colores que yo estaba segura que nunca había visto antes. Había estatuas y fuentes, y pequeñas mesas bellamente dispuestas repartidas entre ellas.

Un joven señaló a mi izquierda, hacia una gran escalera curva, tomó mi bolso y me llevó a mi habitación. "Bienvenida señora, y buenas noches."

Me desperté con el tañido de enormes campanas de una iglesia cercana. Todavía medio dormida, me acerqué a las puertas francesas, que daban a un pequeño balcón, y salí para respirar profundamente por primera vez el aire de San Miguel de Allende.

De frente, casi palpable, había una magnífica iglesia que se extendía hacia un cielo azul claro; la parroquia principal (iglesia parroquial) de San Miguel de Allende. Habiendo sido siempre una admiradora de la piedra antigua, este edificio, la Parroquia de San Miguel Arcángel, tenía una vista impresionante.

To the left was a park, filled with trees, flower beds, and benches; this was the *Jardin* (garden), the central town square that is found in all Mexican cities. To the right, the little street meandered toward charming buildings of many shapes and colors against a backdrop of blue-gray mountains. Then I looked down. It was a weekday morning, and the people on the cobblestone lane below were strolling slowly, greeting each other in passing, or stopping to chat. A few were just standing there, seemingly doing nothing.

Suddenly, I felt something deep inside—a feeling I'd known the word for but realized I'd never really experienced before: contentment. I hadn't even gotten dressed yet, or had my coffee, but I *knew* that I would live here.

I had no history or association with Latin cultures, knew not one word of Spanish, but on that tiny balcony that morning, the feeling was undeniable: "I'm home. At last, I've found my home." This was January 7, 1995.

Even a week later, when my other life took over again, there was no question, no weighing of factors, no deciding, no other possibility than returning to San Miguel de Allende.

There is another story about actually giving up the other life in 1997 and moving permanently to Mexico. But this story is about the wonders of being here. First impressions, which have never waned: The light gives an extraordinary illumination to everything; colors shout and murmur and seem to want a response; textures create dimensions that are felt, not necessarily seen; sounds have constantly varying organic sources; smells are of gardens and kitchens.

A la izquierda había un parque lleno de árboles, parterres de flores y bancos; era el Jardín, la plaza principal que se encuentra en todas las ciudades mexicanas. A la derecha, la pequeña calle serpenteaba hacia encantadores edificios de diferentes formas y colores sobre un fondo de montañas de color gris azulado. Luego miré hacia abajo.

Era una mañana de lunes y la gente que pasaba por el camino adoquinado paseaba lentamente, se saludaban al pasar o se detenían a charlar. Algunos simplemente estaban allí parados, aparentemente sin hacer nada.

De repente, sentí algo muy dentro de mí, un sentimiento cuya palabra conocía pero que nunca antes había experimentado: satisfacción. Ni siquiera me había vestido todavía ni había tomado mi café, pero *sabía* que viviría aquí por el resto de mis días.

Yo no tenía historia ni asociación con las culturas latinas, no sabía ni una palabra de español, pero en ese pequeño balcón esa mañana, la sensación era innegable: "Estoy en casa. Por fin encontré mi hogar." Esto fue el 7 de enero de 1995.

Incluso una semana después, cuando mi otra vida volvió a tomar control, no había dudas, ni indecisión, ni otra posibilidad más que regresar a San Miguel de Allende.

Hay otra historia sobre cómo renuncie a la otra vida en 1997 y me mude permanentemente a México. Pero esta historia trata sobre las maravillas de estar aquí. Primeras impresiones que nunca han decaído: la luz que iluminaba todo de forma extraordinaria; los colores que gritaban y murmuraban y parecían querer una respuesta; las texturas que creaban dimensiones que se sienten, no necesariamente que se ven; los sonidos que tienen fuentes orgánicas que varían constantemente; los olores de jardines y cocinas.

I was enchanted with the stones. The flat ones on sidewalks have abstract paintings made by millions of years of geological activity. More recently, beginning some 400 years ago, someone carried them, sorted them, cut them just so, and placed them—each one, one at a time. Imagine!

There's a street named Orizaba in colonia San Antonio which is paved with stones that look like fossils of tree trunks. But I found out that those stones were split from large blocks and, if the stone cutter was very accurate and cut the block just so, the fossil design would appear. Imagine!

The round cobblestones in the streets come from the surrounding high desert landscape and were also carried and placed—each one, one at a time. Imagine! So it might be that the stones offer an aura that ignites the imagination about many things. I am still enchanted with the stones— they are to wonder.

It didn't take long to realize that the rest of my life would not be enough time to understand this culture. So better to give that up and leave room for something else.

It was very easy to meet people and talk with them. I quickly made friends with several bi-lingual local residents and their families, all of whom welcomed me with warm eyes and shy smiles.

Some of my new friends lived in town, some in the surrounding ranchos. Some had actual houses; many lived with very few amenities such as stoves, bathrooms, windows, or doors. I was invited to visit with them, no matter their circumstances. I was always given the best they had with no apology or discomfort on their part—just incredible graciousness.

Yo quedé encantada y sin palabras con las piedras. Los planos en las aceras tienen pinturas abstractas hechas por millones de años de actividad geológica. Más recientemente, hace unos 400 años, alguien cargo cada piedra, las clasificó, las cortó con exactitud y las colocó una por una. ¡Imagínense!

Hay una calle llamada Orizaba en la colonia San Antonio que está pavimentada con piedras que parecen fósiles de troncos de árboles. Pero descubrí que esas piedras provenían de bloques grandes y, como el cortador de piedra era muy preciso y cortaba el bloque con exactitud, aparecería el diseño fósil. ¡Imagínense!

Los adoquines redondos de las calles provienen del paisaje desértico circundante y también fueron transportados y colocados uno a la vez. ¡Imagínense! Entonces podría ser que las piedras ofrecen un aura que encienda la imaginación sobre mil cosas. Todavía estoy encantada con las piedras; son para maravillarse.

No me tomó mucho tiempo darme cuenta de que el resto de mi vida no sería suficiente para comprender esta cultura. Así que es mejor dejar eso y dejar espacio para otra cosa.

Fue muy fácil conocer gente y hablar con ellos. Rápidamente me hice amiga de varios residentes locales bilingües y sus familias, quienes me recibieron con ojos cálidos y sonrisas tímidas.

Algunos de mis nuevos amigos vivían en la ciudad, otros en los ranchos circundantes. Algunos tenían casas hermosas; pero muchos vivían con muy pocas comodidades como estufas, baños, ventanas o puertas. Ellos siempre me invitaron a visitarlos, sin importar sus circunstancias. Siempre me dieron lo mejor que tenían, sin disculpas ni molestias de su parte, simplemente una amabilidad increíble.

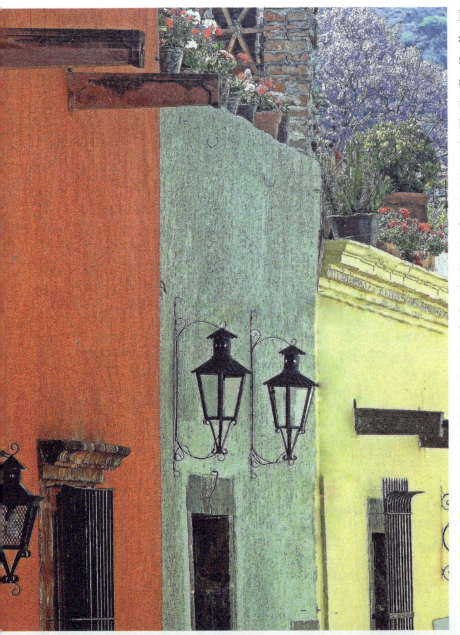

Now I suddenly knew hundreds of people and no one seemed to care if we "understood" each other—it was enough that we all accepted each other and enjoyed the moments we had together. The words I heard most often were, "Don't worry" and "No problem."

It is to wonder: There is no illusion of perfection here, and little effort to seek it. This culture knows that there is no certainty; not everything is plumb, level, straight, or smooth. Many people I have met here seem to think that constantly attempting to fix everything is a waste of life's precious time. That's not to say that things aren't made to function when needed, but the way it is done doesn't interfere with being relaxed, happy, and without worry or hurry. This puts into perspective something that is very often a huge problem between us immigrants and Mexican people—*time*.

The Mexican people generally respond positively to what comes up in the course of daily life, even if it means altering one's plans on the fly or having to change plans entirely. It is wisely understood that plans can never be set in concrete... because life *always* intervenes. Therefore, plans are,

Ahora, de repente, conocía a cientos de personas y a nadie parecía importarle si nos "entendíamos" unos a otros; era suficiente que todos nos aceptáramos y disfrutáramos los momentos que teníamos juntos. Las palabras que escuché con más frecuencia fueron "No te preocupes" y "No hay problema."

Es sorprendente: aquí no hay ilusión de perfección y hay poco esfuerzo para buscarla. Esta cultura sabe que no hay certeza; no todo está nivelado, recto o liso. Muchas personas que he conocido aquí parecen pensar que intentar constantemente arreglar todo es una pérdida del precioso tiempo de la vida. Eso no quiere decir que las cosas no estén hechas para funcionar cuando es necesario, pero la forma en que se hace no interfiere con estar relajado, feliz y sin preocupaciones ni prisas. Esto pone en perspectiva algo que muy a menudo es un gran problema entre nosotros, los inmigrantes y los mexicanos: *el tiempo*.

El pueblo mexicano generalmente responde positivamente a lo que surge en el curso de la vida diaria, incluso si eso significa alterar los planes sobre la marcha o tener que cambiar los planes por completo. Se sabe sabiamente que los planes nunca pueden concretare, porque la vida *siempre* interviene. Por lo tanto, los planes tal vez se consideren más un esquema general que un

Photograph by Jon Welsh
Fotografía de Jon Welsh

perhaps, considered more of a general outline than a polished set of rules that must be completed.

We immigrants, on the other hand, painstakingly make our detailed plans but often seem to have a limited ability to respond well to the changes that occur—that inevitably occur—during our daily walk.

Mexicans accept the imperfect world, life as it happens—and say "*Asi es la vida* (That's life)." Theirs is a total trust in, and acceptance of, the way life is.

In the town of San Miguel de Allende and in the surrounding communities of my Mexican friends, the whole human family is always visible. With all of their beauty, brokenness, joy, tragedy, and silliness—everyone is in the street; everyone is accepted; and everyone is just as they are, without judgment. I have rarely seen anyone angry; rarely seen a child cry; rarely seen a person rushing. Smiling, laughing, gesturing, and hugging are what I see most.

There is a humbleness and knowing smile that says, without arrogance, "Please relax. Everything is as it should be, and it's just fine." In Mexico, they are still drinking from their ancient pools of wisdom. Hardship and injustice are expected in this life. So are loss and sorrow. But while life goes on, it is believed that "while we are here, we will celebrate, dance, feast, pray, remember, be thankful—and take time for each other."

It is to wonder.

conjunto pulido de reglas que deben cumplirse.

Nosotros, los inmigrantes, por otro lado, elaboramos minuciosamente nuestros planes, pero a menudo parecemos tener una capacidad limitada para responder bien a los cambios que ocurren (que inevitablemente ocurren) durante nuestra vida diaria.

Los mexicanos aceptan el mundo imperfecto, la vida tal como sucede, y dicen "Así es la vida." Lo suyo es una total confianza y aceptación de cómo es la vida.

En el pueblo de San Miguel de Allende y en las comunidades aledañas de mis amigos mexicanos, siempre está visible la familia. Con toda su belleza, quebrantamiento, alegría, tragedia y tontería, todos están en la calle; todos son aceptados; y cada uno es tal como es, sin juicio. Pocas veces he visto a alguien enojado; rara vez se ve llorar a un niño; rara vez se ve a una persona corriendo. Sonreír, reír, gesticular y abrazar es lo que más veo.

Hay una sonrisa humilde y de complicidad que dice, sin arrogancia: "Por favor, relájate. Todo es como debe ser y está bien." En México todavía beben de los antiguos estanques de la sabiduría. En esta vida se esperan dificultades e injusticias. También lo son la pérdida y el dolor. Pero mientras la vida continúa, se cree que "mientras estemos aquí, celebraremos, bailaremos, festejaremos, oraremos, recordaremos, estaremos agradecidos y nos tomaremos tiempo unos para otros."

Es para maravillarse.

Music Matters in Every Life

During my first weeks and months as a permanent resident of San Miguel de Allende I met many people, and was introduced by Rosana and Roger to their friends. In a small town, networking happens fast; my acquaintances were multiplying, and they were mostly local Mexicans of all ages. They were always quick to invite me to their homes.

One family was Susana and Horacio Reyes and their three children. Their house was always welcoming. The family activities and everyone's different interests were constantly happening. Susana and I soon discovered our mutual interest in choirs, especially with children.

It took no time before Susana suggested we go to Casa Hogar Santa Julia, the local girl's orphanage, and talk to the *Madres* (the nuns who were in charge of the orphanage and the girls). If they were amenable, we'd have a ready-to-sing choir. There were 72 girls living there, from babies to age eighteen, a huge female family, under the watchful eyes of the Madres.

The conversation was primarily between Susana and Madre Chuy, the head house mother. I understood the essence of what was being said, and saw that when Madre Chuy looked at me, her expression was puzzled, almost suspicious.

As a musician, I'd spent most of my adult life in churches, in music ministry, leading adult and children's choirs in each church. I was ecumenical in my choices of music, I wrote original liturgies, and often worked with some of the icons of spirituality at the time... Catholic, Protestant, Buddhist, and the Sufis. Aside from my classical piano repertoire, my knowledge of sacred choral music was encyclopedic.

I interrupted Susana, apologizing to Madre Chuy, and briefly told Susana of my intention and ability to offer only sacred music to the girls. As Susana shared this in Spanish, I could see the Madre's posture relax just a little and I think I detected a tiny curvature of her lips that might have been a smile.

La Importancia de la Música en la Vida

Durante mis primeras semanas y meses como residente permanente de San Miguel de Allende conocí a muchas personas, Rosana y Roger me presentaron a sus amigos. En un pueblo pequeño, la red de contactos ocurre rápidamente, mis conocidos se multiplicaban y en su mayoría eran mexicanos locales de todas las edades. Siempre fueron rápidos en invitarme a sus casas.

En especial una familia formada por Susana, Horacio Reyes y sus tres hijos. Su casa siempre fue acogedora. Las actividades familiares y los diferentes intereses de todos sucedían constantemente. Susana y yo pronto descubrimos nuestro mutuo interés por los coros, especialmente los de niños.

No pasó mucho tiempo antes de que Susana sugiriera que fuéramos a Casa Hogar Santa Julia, el orfanato de niñas local, y habláramos con las Madres (las monjas que estaban a cargo del orfanato y de las niñas). Si ellas estuvieran dispuestas, tendríamos un coro listo para cantar. Allí vivían 72 niñas, desde bebés hasta los dieciocho años, una gran familia femenina, bajo la atenta mirada de las Madres.

La conversación fue principalmente entre Susana y Madre Chuy, la madre principal de la casa. Entendí la esencia de lo que se decía y vi que cuando Madre Chuy me miró, su expresión era de perplejidad, casi sospechosa.

Como músico, pasé la mayor parte de mi vida adulta en iglesias, en el ministerio musical, dirigiendo coros de adultos y niños en cada iglesia. Fui ecuménica en mis elecciones musicales, escribí liturgias originales y, a menudo, trabajé con algunos de los iconos de la espiritualidad de la época; Católicos, protestantes, budistas y sufíes. Aparte de mi repertorio de piano clásico, mi conocimiento de la música coral sacra era enciclopédico.

Interrumpí a Susana, disculpándome con Madre Chuy, y le conté brevemente a Susana mi intención y capacidad de ofrecer sólo música sacra a las niñas. Mientras Susana compartía esto en español, pude ver la postura de la Madre relajarse un poco y creí detectar una pequeña curvatura en sus labios que podría haber sido una sonrisa.

We made arrangements to show up the following Saturday morning for our introduction and first rehearsal.

When we met the girls that next Saturday morning, it was clear that a few things needed to be addressed before actually singing. They weren't sure why they were meeting with us. Their shoulders were curved forward, with heads bowed, and most of them leaned on one leg which made them look embarrassed about simply being visible. With big, warm smiles, we began by telling them our names and why we were there. Then we asked them to tell us their names. Each girl spoke softly without raising her head so it was hard to hear her.

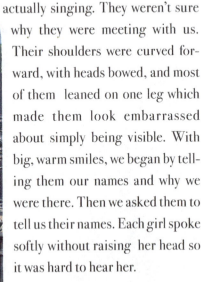

Over the next few months, with rehearsals every Saturday morning, the girls became a choir. They stood straight, chins up, eyes smiling—being confident. They were learning to listen to pitches and the movements of notes in the melodies of their songs. We were gathering a repertoire of pieces and, as word spread, the girls got invitations to sing at events.

We were surprised to realize there were no other choirs in San Miguel de Allende; no orchestra, no town band, no community choir. It was no wonder the Casa Hogar Girls Choir became popular and beloved. San Miguel de Allende was indeed a wellspring of opportunity for community music.

We formed more music classes and choirs in other neighborhoods and eventually we formed early childhood music programs in public kindergartens and primary schools, as well as the orphanage for boys.

Hicimos arreglos para presentarnos el sábado siguiente por la mañana para nuestra presentación y primer ensayo.

Cuando conocimos a las chicas ese sábado por la mañana, estaba claro que había que abordar algunas cosas antes de cantar. No estaban seguras de por qué se reunían con nosotros. Sus hombros estaban curvados hacia adelante, con sus cabezas inclinadas, y la mayoría de ellas se apoyaban en una pierna, lo que les hacía parecer avergonzadas por simplemente ser visibles. Con grandes y cálidas sonrisas, comenzamos diciéndoles nuestros nombres y por qué estábamos allí. Luego les pedimos que nos dijeran sus nombres. Cada niña hablaba en voz baja sin levantar la cabeza, por lo que era muy difícil escucharlas.

Durante los siguientes meses, con ensayos todos los sábados por la mañana, las niñas se convirtieron en un coro. Se mantuvieron erguidas, con la barbilla en alto y los ojos sonriendo, confiadas. Estaban aprendiendo a escuchar los tonos y los movimientos de las notas en las melodías de sus canciones. Nosotros estábamos reuniendo un repertorio de canciones y, a medida que se corrió la voz, las chicas recibieron invitaciones para cantar en eventos.

Nos sorprendió darnos cuenta que no había otros coros en San Miguel de Allende; ni orquesta, ni banda municipal, ni coro comunitario. No es de extrañarse que el Coro de Niñas de Casa Hogar se volviera popular y querido. San Miguel de Allende fue de hecho una fuente de oportunidades para la música comunitaria.

Nosotros formamos más clases de música y coros en otros barrios y eventualmente formamos programas de música para infantes en jardines de niños y escuelas primarias públicas, así como en el orfanato para niños.

Susana and I were invited to rural communities where local schools supported the idea by offering space and encouraging parents to allow their kids to stay after school for choir class. Soon, small choirs sprouted up across the area.

In a kinder school class a little four-year-old girl named Lupita seemed to love the class, but never sang or spoke up. She always smiled and listened to everything. One day her mother came to see the principal and the music teacher. She cried as she explained that Lupita had never spoken at home—not a word! Her hearing had been tested and she was fine. Suddenly one day, after several months of music classes, she "sang" to her mother that she wanted something to eat. With her family she continued to "sing" anything she wanted to say.

This is how music can matter in every life.

It is to wonder.

Susana y yo fuimos invitadas a comunidades rurales donde las escuelas locales apoyaron la idea ofreciendo espacio y alentando a los padres a permitir que sus hijos se quedaran después de la escuela para las clases de coro. Pronto, surgieron pequeños coros por toda la zona.

En una clase de jardín de infantes, una pequeña niña de cuatro años llamada Lupita parecía amar la clase, pero nunca cantaba ni hablaba. Ella siempre

sonreía y escuchaba todo. Un día su madre vino a ver al director y al profesor de música. Ella lloró mientras explicaba que Lupita nunca había hablado en casa, ¡ni una palabra! Le habían examinado la audición y se encontraba bien. De repente un día, después de varios meses de clases de música, le "cantaba" a su madre que quería algo de comer. Con su familia seguía "cantando" todo lo que quería decir.

Así es como la música puede importar e impactar en cada vida.

Es para maravillarse.

Pepe's Story

"We have a friend who'd like to meet you."

How often has this simple phrase been the genesis of a production with many acts and far-reaching reverberations? One day it was over coffee with two new friends in the café at *La Biblioteca* (the library). Their friend was Pepe Mercadillo, who owned a functioning hacienda located at the base of the Cerro El Picacho mountain peak in a community west of San Miguel de Allende called Alcocer. As they began to tell me about Pepe, I was imagining a Renaissance man in our midst.

First of all, before the Revolution of 1910, much of Mexico was covered with enormous haciendas owned by the Spanish, who used the local Indigenous people as workers. The Revolution was a long, messy, and complicated affair, with many characters, but one result was the removal of the Spanish from the massive land holdings and the return of the land to the people.

So, the idea of a real hacienda in our day was exciting.

And why would Pepe Mercadillo want to meet me? He had been a bullfighter in Spain. He had a stable of Percheron horses with Belgian ancestry, and was teaching local cowboys how to properly care for these fine animals. He had a law degree and was politically active locally.

He traveled to Amish country in the United States to learn how to build carriages and brought the skills back to teach others in San Miguel. He went to California to obtain special goats which gave the best quality milk for his state-of-the-art ice cream making business, and these lived in style at the hacienda. Four of his six beautiful Percheron horses would pull a traditional Amish carriage into the Jardín every Sunday to sell the special ice cream to awe-struck families.

There was much more about this amazing man... so why would Pepe want to meet me? It turned out that he was

La Historia de Pepe

"Tenemos un amigo que le gustaría conocerte."

¿Cuántas veces esta simple frase ha sido la génesis de una producción con muchos actos y reverberaciones de gran alcance? Un día estaba tomando café con dos nuevos amigos en el café de La Biblioteca. Su amigo era Pepe Mercadillo, dueño de una hacienda en funcionamiento ubicada en la falda del Cerro El Picacho en una comunidad al oeste de San Miguel de Allende llamada Alcocer. Cuando empezaron a hablarme de Pepe, me imaginaba a un hombre del Renacimiento entre nosotros.

En primer lugar, antes de la Revolución de 1910, gran parte de México estaba cubierta de enormes haciendas propiedad de los españoles, que utilizaban a los indígenas locales como trabajadores. La Revolución fue un asunto largo, confuso y complicado, con muchos personajes, pero el resultado fue la expulsión de los españoles de las enormes propiedades territoriales y la devolución de las tierras al pueblo.

Entonces, la idea de una verdadera hacienda en nuestros días era emocionante.

¿Y por qué Pepe Mercadillo querría conocerme? Había sido torero en España. Tenía un establo de caballos percherones con ascendencia belga y estaba enseñando a los vaqueros locales cómo cuidar adecuadamente a estos excelentes animales. Tenía una licenciatura en derecho y era políticamente activo a nivel local.

Viajó a los Estados Unidos para aprender a construir carruajes con los Amish y trajo sus habilidades para enseñar a otros en San Miguel. El fue a California para conseguir cabras especiales que le dieran leche de la mejor calidad para su moderno negocio de fabricación de helados, y éstas vivían a lo grande en la hacienda. Cuatro de sus seis hermosos caballos percherones tiraban de un carruaje tradicional Amish al Jardín todos los domingos para vender el helado especial a las asombradas familias.

Había mucho más sobre este increíble hombre entonces, ¿por qué querría Pepe conocerme? Resultó que a él también

also interested in music, had heard about Susana and me and our orphanage girls' choir, and he had an idea.

A trip was arranged to meet Pepe and visit the hacienda. The road approaching the gates was lined with tall willowy pampas grass. Where it forked to allow a separate entrance to the village of Alcocer, we proceeded straight ahead to huge iron gates that were being opened by a worker. We entered a paradise of gardens and structures of many sizes and shapes. Some walls around horse runs seemed to have been molded by hand. Everything was clearly from another century, but in perfect condition.

Pepe had the athletic physique of a bullfighter, with quick, direct mannerisms and speech. No time was wasted in polite conversation. We were there to participate in yet another ambition brewing in the mind of a man whose imagination never slept.

We were led to a row of tall, narrow rectangular structures called granaries. One of them was empty and being used as a classroom for aspiring young bullfighters, taught by both Pepe and his close friend Fernando de la Mora.

le interesaba la música, había oído hablar de Susana, de mí y del coro de niñas de nuestro orfanato, y tuvo una idea.

Se organizó un viaje para conocer a Pepe y visitar la hacienda. El camino que rodeaba a las puertas estaba bordeado de altas y esbeltas hierbas de la pampa. Se bifurcaba para permitir una entrada independiente al pueblo de Alcocer, nosotros seguimos derecho hasta encontrarnos con unas enormes puertas de hierro que un trabajador abrió para nosotros. Entramos en un paraíso de jardines y estructuras de muchos tamaños y formas. Algunas paredes alrededor de las caballerizas parecían haber sido moldeadas a mano. Todo era evidentemente de otro siglo, pero en perfecto estado.

Pepe tenía el físico atlético de un torero, con gestos y habla rápidos y directos. No se perdió el tiempo en una conversación superficial. Estábamos allí para participar en otro sueño que se gestaba en la mente de un hombre cuya imaginación nunca dormía.

Nos llevaron a unas estructuras rectangulares, altas y estrechas, llamadas graneros. Uno de ellos estaba vacío y era una aula para jóvenes aspirantes a toreros, impartida tanto por Pepe como por su íntimo amigo Fernando de la Mora.

Now Pepe was envisioning a music class for the local children. He explained that the hacienda was always closed to the community, except for some local people who were employed there. But he wanted to change that by providing what he called a "marvelous opportunity" for young people to be exposed to, and learn about, music. He was beaming with excitement, and it was contagious.

As I got to know Pepe, I learned that he lived in a tiny space under the steps where the overseers of past times had given orders to the workers every day. His room had a narrow single bed and was crammed with books in every available nook. The only other item was a record playing system for opera and classical music. Pepe was "offended" by the musical sounds from the community—so he did his best to counter the noise.

As we stood in contemplation of this wonderful idea, Pepe explained how it would happen. We decided to have music classes in this space every Monday afternoon at 4:00 pm When the time came, he would take me to meet the principal at the local school, to ask him to announce the classes to all of the children. Pepe would make flyers for the parents, explaining the class and including a permission slip to be signed by a parent and brought by the child to the first class.

A little time was needed for Pepe to fix up the music classroom properly. Two weeks later Pepe sent a car to my house in San Miguel to pick up Susana and me. We arrived early to find a beautiful classroom decorated with mirrors on three of the four walls. I set up my keyboard and we hoped a few kids would show up.

Fifty kids came that first day! They all had permission slips, and they all kept coming. It is to wonder.

José Mercadillo Escobedo—better known to the world as Pepe—succumbed to throat cancer on October 5, 2005, at only 58 years of age. He was survived by his mother, five siblings, and a daughter. Following cremation, his ashes were spread on the land of his beloved hacienda.

Ahora Pepe estaba imaginando una clase de música para los niños locales. Explicó que la hacienda siempre estuvo cerrada a la comunidad, excepto para algunas personas locales que trabajaban allí. Pero quería cambiar eso brindando lo que llamó una "maravillosa oportunidad" para que los jóvenes estuvieran expuestos a la música y aprendieran sobre ella. Estaba radiante de emoción y era contagioso.

Conforme conocí a Pepe, supe que vivía en un pequeño espacio debajo de las escaleras donde los capataces de tiempos pasados daban órdenes a los trabajadores todos los días. Su habitación tenía una cama individual estrecha y estaba repleta de libros en cada rincón disponible. El único otro elemento era un sistema de reproducción de discos para ópera y música clásica. Pepe se sentía "agraviado" por los sonidos musicales de la comunidad, por lo que hizo todo lo posible para contrarrestar el ruido.

Mientras contemplamos esta maravillosa idea, Pepe explicó cómo sucedería. Decidimos tener clases de música en este espacio todos los lunes por la tarde a las 16:00 horas. Cuando llegara el momento, me llevaría a reunirme con el director de la escuela local, para pedirle que anunciara las clases a todos los niños. Pepe hizo folletos para los padres, explicando la clase e incluyendo un permiso para que lo firmara el padre y lo llevara el niño a la primera clase.

Pepe necesitó un poco de tiempo para arreglar correctamente el aula de música. Dos semanas después Pepe envió un auto a mi casa en San Miguel para recogernos a Susana y a mí. Llegamos temprano para encontrar un hermoso salón decorado con espejos en tres de las cuatro paredes. Configuré mi teclado y esperé que aparecieran algunos niños.

¡Ese primer día vinieron cincuenta niños! Todos tenían hojas de permiso y seguían viniendo. Es para maravillarse.

José Mercadillo Escobedo, mejor conocido en el mundo como Pepe, falleció a causa de un cáncer de garganta el 5 de octubre de 2005, con sólo 58 años de edad. Le sobrevivieron su madre, cinco hermanos y una hija. Luego de la cremación, sus cenizas fueron esparcidas en las tierras de su querida hacienda.

Beto and the Yings

The San Miguel Chamber Music Festival has been held each summer since 1979. The world's finest chamber music groups play in the local theater, Teatro Ángela Peralta, and give master's classes to students who come from many cities around Mexico.

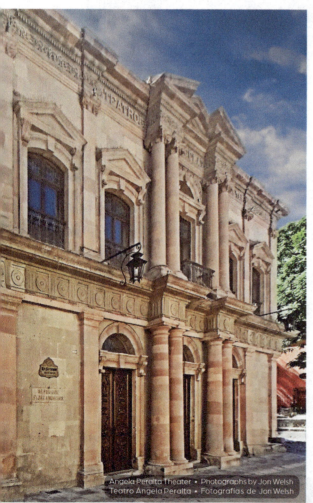

Angela Peralta Theater • Photographs by Jon Welsh
Teatro Ángela Peralta • Fotografías de Jon Welsh

The Ying Quartet was a favorite of mine. They were siblings—brothers Timothy, Phillip, and David, and sister Janet—who had begun their career very early in and around Chicago, my hometown. I dreamed of introducing the girls from the orphanage to classical music and thought a quartet of young players was a great place to start.

During part of their singing rehearsals, I played excerpts from string quartet music for the girls from the orphanage. They were to listen to the "conversations" that would happen between the four instruments "talking to" each other. Hoping to instill a little appreciation for the art of listening, I asked the girls to write stories about what they thought the instruments were saying to each other. They came up with some amazing insights into feelings. They identified joy, sadness, anger, conflict, and resolution. They realized that music could portray themselves.

In August of 2000 the Ying Quartet was again part of the festival program. This presented the opportunity I was looking for. I would take the girls to one of their concerts. I got small flyers with their photos and distributed them to the girls. Timothy and Janet played the two violins, Phillip played viola, and David played cello. The boys were very handsome, all had huge smiles, and they were young. The girls became "groupies," tacking the flyers above their beds and getting very excited about this never-before-experienced event.

Beto y los Yings

El Festival de Música de Cámara de San Miguel se lleva a cabo cada verano desde 1979. Los mejores grupos de música de cámara del mundo tocan en el teatro local, el Teatro Ángela Peralta, y dan clases magistrales a estudiantes que vienen de muchas ciudades de México.

El cuarteto Ying era uno de mis favoritos. Eran hermanos (los hermanos Timothy, Philip, David y la hermana Janet) que habían comenzado su carrera muy temprano en Chicago, mi ciudad natal, y sus alrededores. Yo soñaba con presentar la música clásica a las niñas del orfanato y pensé que un cuarteto de jóvenes intérpretes era un buen punto de partida.

Durante parte de sus ensayos de canto, toqué extractos de música del cuarteto de cuerda para las niñas del orfanato. Debían escuchar las "conversaciones" que se producirían entre los cuatro instrumentos "hablando" entre sí. Con la esperanza de inculcar un poco de aprecio por el arte de escuchar, les pedí a las niñas que escribieran historias sobre lo que pensaban que los instrumentos se decían entre sí. Se les ocurrieron algunas ideas sorprendentes sobre los sentimientos. Identificaron alegría, tristeza, ira, conflicto y resolución. Se dieron cuenta de que la música podía retratarlos a ellos mismos.

En agosto de 2000 el cuarteto Ying volvió a formar parte del programa del festival. Esto presentó la oportunidad que yo estaba buscando. Llevaría a las chicas a uno de sus conciertos. Conseguí pequeños folletos con sus fotos y se los repartí a las chicas. Timothy y Janet tocaban los dos violines, Philip tocaba la viola y David tocaba el violonchelo. Los chicos eran muy guapos, todos tenían enormes sonrisas y eran jóvenes. Las chicas se convirtieron en "groupies," pegando folletos encima de sus camas y emocionándose mucho con este evento nunca antes visto.

Angela Peralta Theater
Teatro Ángela Peralta

The big night came. Madre Chuy opened the enormous door of Casa Hogar Santa Julio, a historic colonial building in the center of town. Thirty girls were giggling in soft frenzied motion behind her. They were dressed in their best—many in the beautiful white dresses they'd had for their first communions. There was another little person in the mix—four-year-old Alberto, known as Beto. He was a beautiful boy with Down syndrome who had been left on the orphanage doorstep as a baby. He'd been adored and raised by 72 big and little sisters.

He had no problem standing straight, and was determined to go with us to the concert. We all held hands and began the walk to the Teatro Ángela Peralta, about three blocks away. As we approached the theater, we saw all the "beautiful people," mostly lavishly-dressed Americans. I sensed the girls were flagging a little. I turned and, sure enough, they'd begun to slouch and walk tentatively. We stopped while I reminded them how proud they should be. I'd arranged for us all to sit in the second balcony, reserved for students who were taking master's classes with the quartets. There was no charge for these seats.

As soon as we entered the lobby, a red-headed woman with a clipboard yelled over the crowd, "What are they doing here?" She was the usher-in-charge. I didn't respond but pushed several girls toward the stairs and loudly whispered, "*Va, va, va* (Go, go, go)!"

We were early, so we were able to settle into the middle seats of the horseshoe shaped theater. Beto immediately sat on the floor, draped his pudgy legs over the edge of the balcony floor, clutched the vertical posts with two hands and didn't move a muscle throughout the entire first half. Two of the girls pried him away for the intermission, to stretch and go to the bathroom. He resumed his position for the second half, and applauded with all the rest of us at the end.

Llegó la gran noche. Madre Chuy abrió la enorme puerta de la Casa Hogar Santa Julia, un edificio histórico y colonial en el centro del pueblo. Treinta chicas se reían con movimientos suaves y frenéticos. Todas iban vestidas con sus mejores galas, muchas de ellas con los hermosos vestidos blancos que habían usado en sus primeras comuniones. Había otra personita en la mezcla: Alberto, de cuatro años, conocido como Beto. Era un hermoso niño con síndrome de Down que había sido abandonado en la puerta del orfanato cuando era un bebé. Lo habían adorado y criado 72 hermanas de distintas edades.

No tuvo ningún problema en mantenerse erguido y estaba decidido a acompañarnos al concierto. Todos nos tomamos de la mano y comenzamos la caminata hacia el Teatro Ángela Peralta, a unas tres cuadras de distancia. A medida que nos acercábamos al teatro, vimos a toda la "gente adinerada," en su mayoría estadounidenses lujosamente vestidos. Sentí que las chicas flaqueaban un poco. Me volví y, efectivamente, habían empezado a encorvarse y a caminar vacilantes. Nos detuvimos mientras les recordaba lo orgullosas que deberían estar. Había dispuesto que todos nos sentáramos en el segundo balcón, reservado para los estudiantes que tomaban clases magistrales con los cuartetos. Estos asientos no tenían ningún costo.

Tan pronto como entramos al vestíbulo, una mujer pelirroja con un portapapeles gritó a la multitud: "¿Qué están haciendo aquí?" Ella era la acomodadora encargada. No respondí, pero empujé a varias chicas hacia las escaleras y susurré en voz alta: "¡*Va, va, va* (Vaya, vaya, vaya)!"

Llegamos temprano, así que pudimos acomodarnos en los asientos del medio del teatro en forma de herradura. Beto inmediatamente se sentó en el suelo, apoyó sus regordetas piernas en el borde del suelo del balcón, se agarró a los postes verticales con las dos manos y no movió un solo músculo durante toda la primera parte. Dos de las chicas lo apartaron durante el intermedio, para estirarse e ir al baño. Retomó su posición durante la segunda parte y aplaudió con todos nosotros al final.

Photographer Unknown
Fotógrafo Desconocido

I had arranged a special surprise for the girls. The Yings were going to keep the curtains closed after the concert while we came down from the second floor, took the aisle on the first floor, and climbed the stairs up to the stage. The girls were puzzled but dutifully followed me. The red-headed usher in charge yelled at us again, and again we ignored her.

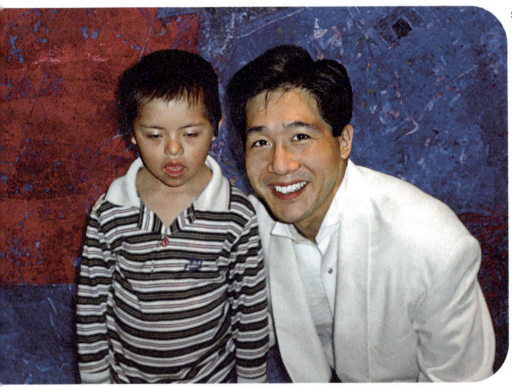

The scene on the stage was joyful. The Ying boys hugged the girls and posed for photos with many configurations, including Janet. I looked for Beto who was navigating among the forest of legs and swishy dresses, seeming to look for something. He finally spotted Timothy, the first violinist, who sits on the outside edge of the quartet. Without hesitation, Beto walked up to him, took Timothy's right hand in both of his and gently pressed it to his lips. He kissed the bow hand for several seconds, then looked up at Timothy, his eyes sparkling with tears.

Plato said: "Musical training is a more potent instrument than any other, because rhythm and harmony find their way into the secret places of the soul."

We who witnessed Beto and Timothy will never know exactly what happened to Beto. But something did—and it found its way into the secret places of his soul.

It is to wonder.

Había preparado una sorpresa especial para las chicas. Los Ying iban a mantener las cortinas cerradas después del concierto mientras nosotros bajábamos del segundo piso, tomábamos el pasillo del primer piso y subíamos las escaleras hasta el escenario. Las chicas estaban desconcertadas, pero obedientemente me siguieron. La acomodadora pelirroja a cargo nos gritó nuevamente y nuevamente la ignoramos.

La escena en el escenario era alegre. Los chicos Ying abrazaron a las chicas y posaron para fotografías con muchas poses, incluida Janet. Busqué a Beto que navegaba entre el bosque de piernas y vestidos lujosos, como si buscara algo. Finalmente vio a Timothy, el primer violinista, que se sienta en el borde exterior del cuarteto. Sin dudarlo, Beto se acercó a él, tomó la mano derecha de Timothy entre las suyas y se la llevó suavemente a los labios. Besó la mano

Beto at 12 years of age, in the boys' orphanage
Beto a los 12 años, en el orfanato de niños

del arco durante varios segundos y luego miró a Timothy, con los ojos brillando por las lágrimas.

Platón dijo: "La formación musical es un instrumento más potente que cualquier otro, porque el ritmo y la armonía encuentran su camino hacia los lugares secretos del alma."

Los que fuimos testigos de Beto y Timothy nunca sabremos exactamente qué pasó con Beto. Pero algo encontró su camino hacia los lugares secretos de su alma.

Es para maravillarse.

The Singing Children of San Miguel

The Casa Hogar girls choir and all the smaller groups of singing children in schools and rural communities had become part of a new non-profit program called anYél Escuela de Musica. Many visitors had learned about the program through our concerts and efforts for financial support.

One day in 2002 I got an email from Sylvia, a woman in Paris, France, who worked for an agency that arranged music tours of various countries for choirs, orchestras, bands, etc. She was Mexican and oversaw the arranging of tours for groups that wanted to perform in Mexico.

Sylvia had heard about the "singing children" of San Miguel de Allende and contacted me to ask if I'd like to help her by arranging for the venue, doing the promotion, and scheduling concerts in San Miguel de Allende. In exchange, Ojalá Niños would receive promotion, some funding, and support from the choir, orchestra, or band.

Of course, I did.

It was a wonderful relationship that lasted a long time. The concerts were always free, and I was committed to seeing the venue filled with folks and families who could not normally afford to pay for a concert in their own theaters or churches.

Los Niños Cantores de San Miguel

El coro de niñas de Casa Hogar y todos los grupos más pequeños de niños cantantes en escuelas y comunidades rurales se habían convertido en parte de un nuevo programa sin fines de lucro llamado "AnYél Escuela de Música". Muchos visitantes conocieron el programa a través de nuestros conciertos y nuestros esfuerzos por obtener apoyo financiero.

Un día del año 2002 recibí un correo electrónico de Sylvia, una mujer de París, Francia, que trabajaba para una agencia que organizaba giras musicales por varios países para coros, orquestas, bandas, etc. Ella era mexicana y supervisaba la organización de giras de grupos que querían actuar en México.

Sylvia había oído hablar de los "niños cantantes" de San Miguel de Allende y me contactó para preguntarme si me gustaría ayudarla organizando el lugar, haciendo la promoción y programando conciertos en San Miguel de Allende. A cambio, Ojalá Niños recibiría promoción, algo de financiamiento y apoyo del coro, orquesta o banda.

Por supuesto lo hice.

Fue una relación maravillosa que duró mucho tiempo. Los conciertos siempre fueron gratuitos y me comprometí a ver el lugar lleno de personas y familias que normalmente no podían permitirse pagar un concierto en sus propios teatros o iglesias.

We were privileged to host the Harvard University Choir, many other university choirs from the United States, and the Boston Children's Choir. The Boston Children's Choir stayed an extra day in order to meet with about 50 of our singing kids.

First, lunch for all—what better for 100 kids to eat than mac & cheese? Volunteers brought large casseroles, long tables were set up, they all sat next to someone they didn't know, and the atmosphere was joyful.

Then everyone gathered for a sing-along. We taught them two of our favorite songs and we learned two of theirs. I know this experience is still a precious memory for all those children.

It is to wonder!

Tuvimos el privilegio de recibir al Coro de la Universidad de Harvard, a muchos otros coros universitarios de los Estados Unidos y al Coro de Niños de Boston. El Coro de Niños de Boston se quedó un día más para reunirse con unos 50 de nuestros niños cantantes.

Primero, almuerzo para todos: ¿qué mejor para que coman 100 niños que macarrones con queso? Los voluntarios trajeron grandes cacerolas, se instalaron mesas largas, todos se sentaron al lado de alguien que no conocían y el ambiente era alegre.

Luego todos se reunieron para cantar. Les enseñamos dos de nuestras canciones favoritas y aprendimos dos de las suyas. Sé que esta experiencia sigue siendo un recuerdo precioso para todos esos niños.

¡Es para maravillarse!

SAN MIGUEL VIEJO · MY HOUSE
SAN MIGUEL VIEJO · MI CASA

7

San Miguel Viejo · My House

While my house in the rural village of San Miguel Viejo was being built, I often went there to watch the progress. There was no electricity so everything was done by hand. The whole house was built with bricks, also handmade by a local family. As the walls grew a man on the ground would throw bricks up to another man on a scaffold... one by one, using only strong hands and strong backs.

In September 2007, after five months of watching the construction of my house by this crew of extraordinary men, I gratefully moved into my new home. Because of the meaningful daily experiences with the workers and the local residents, mostly the children, it felt like a sacred space, blessed by a surrounding aura of kindness.

The children began a daily routine of passing by my gate. They would slow down, smile shyly, wave, and move on. I noticed that coming home from school, they often carried some paper and an over-chewed pencil stub. One day I made the *momentito* (just a minute) motion with my fingers and rushed into the house to grab a box of new pencils with erasers. I gave one to each child. Every face blossomed into surprise mingled with joy and gratitude. How could such a small thing bring so much happiness? I was beginning to learn.

As time passed the children began to stop at the gate. Occasionally, a child would want to give me a picture from school. I'd collected them and remembering what I'd always done with such art

San Miguel Viejo · Mi Casa

Mientras se construía mi casa en el pueblo rural de San Miguel Viejo, iba a menudo allí para observar el progreso. No había electricidad por lo que todo se hacía a mano. Toda la casa fue construida con ladrillos, también hechos a mano por una familia local. A medida que las paredes crecían, un hombre en el suelo arrojaba ladrillos a otro hombre en un andamio, uno por uno usando sólo manos y espaldas fuertes.

En septiembre de 2007, después de cinco meses de observar la construcción de mi casa por parte de este equipo de hombres extraordinarios, me mudé agradecida a mi nuevo hogar. Debido a las significativas experiencias diarias con los trabajadores y los residentes locales, principalmente los niños, se sentía como un espacio sagrado, bendecido por un aura de bondad circundante.

Los niños comenzaron la rutina diaria de pasar por mi puerta. Reducían el paso, sonreían tímidamente, saludaban y seguían adelante. Me di cuenta de que, al regresar de la escuela, a menudo llevaban papel y un trozo de lápiz demasiado masticado. Un día les pedí un minuto con mis dedos y corrí a la casa para agarrar una caja de lápices nuevos con borradores. Le di uno a cada niño. En cada rostro se reflejaba la sorpresa mezclada con alegría y gratitud. ¿Cómo algo tan pequeño puede traer tanta felicidad? Estaba empezando a aprender.

Conforme pasó el tiempo los niños empezaron a detenerse en la puerta. De vez en cuando un niño quería darme un de dibujo de la escuela. Las coleccioné y, recordando lo que siempre había hecho con el arte de mis hijos hace tantos

from my children so many years ago, I put the pictures on the refrigerator with magnets. One day, I opened the gate and invited the children into my patio, then through the front door of the house. At this juncture, they froze, looked at each other for courage, and tiptoed through the door.

The house was small but complete with furniture, wall art, and art objects. Around a corner was the kitchen with a sink, a stove, and the refrigerator. They huddled together, trying not to look around with their stunned faces. I led them to the fridge and they saw all their art displayed there. I put a new picture on with an extra magnet. The children stood as if in front of an altar with the Virgin of Guadalupe, herself, looking back. I wondered, why do they not give these things to their parents?

I was slowly learning about where I was.

años, los puse en el refrigerador con imanes. Un día abrí el portón e invité a los niños a mi patio y luego a la puerta principal de la casa. En ese momento, se quedaron paralizados, se miraron unos a otros en busca de valor y cruzaron la puerta de puntillas.

La casa era pequeña, pero estaba llena de muebles, pinturas y objetos de arte. En una esquina estaba la cocina con fregadero, estufa y refrigerador. Se acurrucaron juntos, tratando de no mirar a su alrededor con sus caras de asombro. Los llevé al refrigerador y vieron todo su arte expuesto. Puse una imagen nueva con un imán extra. Los niños se pararon como si estuvieran frente a un altar con la propia Virgen de Guadalupe. Yo solo me preguntaba ¿por qué no les dan estas cosas a sus padres?

Poco a poco fui aprendiendo dónde me encontraba.

Martin and Pablo

Two young boys who lived nearby were always hanging out. One of their dads was the vigilante, a person hired to be on the site during the night to prevent any theft of materials. The boys were very shy because I was a strange sight: A white woman with a car and a small sweet dog in tow. It was clear they'd never seen a dog as a pet and a whole house being built.

The boys were Pablo, age eight, and Martin, age nine. I hoped to make friends with them so one day I asked them to take me to a nearby tienda (small, local store) and told them I would buy them a treat. Their shyness lessened and I went for my first walk into my chosen community, the place I'd planned to live for the rest of my days. I had no idea about what I'd be facing as a solitary woman wanting to live a quiet life in a rural Indigenous community in Mexico.

As Pablo and Martin bounced along the dusty, rocky path to the tienda, they told me they were cousins, and also best friends. The store was a high window in a cement wall of a small home, with a cement step for getting up to the window. The boys called out and a young woman came from a door in the back to serve us. I offered them a drink and a bag of chips.

Martín y Pablo

Dos jóvenes que vivían cerca pasaban por mi casa muy seguido. Uno de sus papás era el vigilante, una persona contratada para estar en el lugar durante la noche para evitar cualquier robo de materiales. Los niños eran muy tímidos porque yo era un personaje extraño: una mujer blanca con un auto y un pequeño y dulce perro a cuestas. Estaba claro que nunca habían visto un perro como mascota y una casa entera en construcción.

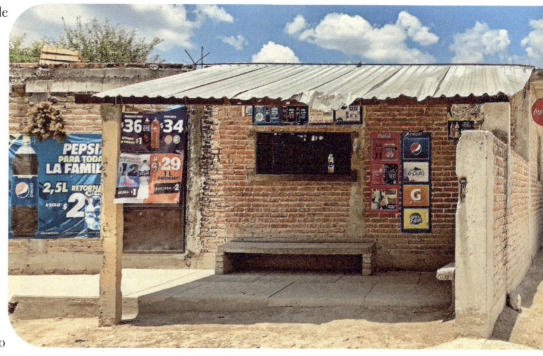

Los niños eran Pablo, de ocho años, y Martín, de nueve años. Yo esperaba hacerme amiga de ellos, así que un día les pedí que me llevaran a una tienda (pequeña tienda local) cercana y les dije que les compraría un regalo. Su timidez disminuyó y yo salí a dar mi primer paseo por la comunidad, el lugar en el que había planeado vivir el resto de mis días. No tenía idea de lo que me esperaba como mujer solitaria que deseaba vivir una vida tranquila en una comunidad indígena rural en México.

Mientras Pablo y Martín saltaban por el polvoriento y empedrado camino hacia la tienda, me dijeron que eran primos y también mejores amigos. La tienda era una ventana alta en una pared de cemento de una casa pequeña, con un escalón de cemento para subir a la ventana. Los niños gritaron y una joven mujer salió de una puerta en la parte de atrás para atendernos. Les ofrecí una bebida y una bolsa de patatas fritas.

Their eyes were sparkling as they asked for two Cokes. Oops! I said I wouldn't buy them Coca-Cola but they could have juice. I have always been a crusader against excessive sugar for children, with a special emphasis on Coca-Cola!

I saw the surprise in their eyes, curiosity about this strange woman in their midst. Oh well, a treat was a treat. They ordered two cartons of juice and one bag of chips. I said they could have two, but they waved their grimy hands as a "no" and said they would share one bag. They thanked me with big smiles, and I noticed their brown, broken, crooked teeth. I was becoming more humble and amazed by the minute. Where am I—and who are these children?

I gradually learned about the well water situation in all rural communities. The only water sources were from wells that date back over 500 years and had been tested to reveal toxic levels of arsenic and fluoride, causing serious dental conditions. I also knew of the passion for sweets and sugary sodas, so it was no wonder that the sweet smiles often displayed discolored teeth.

As I began to greet my adult neighbors on the road, I noticed that they often had one hand hovering over their mouths, but their eyes crinkled with warmth and welcome.

Sus ojos brillaban cuando pidieron dos Coca-Colas. Les dije que no les compraría Coca Cola pero que podían tomar jugo. Siempre he estado en contra del exceso de azúcar en los niños, ¡especialmente en la Coca-Cola!

Vi la sorpresa en sus ojos, la curiosidad por esta extraña mujer entre ellos. Bueno, un regalo era un regalo. Pidieron dos botellas de jugo y una bolsa de papas fritas. Dije que podían tener dos, pero agitaron sus manos sucias en señal de "no" y dijeron que compartirían una bolsa. Me agradecieron con grandes sonrisas y noté sus dientes marrones, rotos y torcidos. Me estaba volviendo más humilde y asombrada minuto a minuto. ¿Dónde estoy y quiénes son estos niños?

Poco a poco fui conociendo la situación del agua de pozo en todas las comunidades rurales. Las únicas fuentes de agua procedían de pozos que databan de más de 500 años y que habían sido analizados para revelar niveles tóxicos de arsénico y fluoruro, que provocaban graves afecciones dentales. También conocía la pasión por los dulces y los refrescos azucarados, por lo que no era de extrañar que las dulces sonrisas mostraran a menudo dientes descoloridos.

Cuando comencé a saludar a mis vecinos adultos, noté que a menudo tenían una mano sobre la boca, pero sus ojos se arrugaban con calidez y bienvenida.

CURIOUS CHILDREN · ROSA ELENA

One day, to the delight of the children outside my gate, I gave each child a new pencil.

Another day there were nine children looking in, so I invited them into my patio and gave them some recycled paper to use with their pencils. They shared the six chairs around the table and got very busy being joyfully creative. The oldest girl was nine years old and after an hour of activity, she found a broom, swept up around the table, and told the children to clean up their spaces. Then she led them out the gate and they all said "*Gracias*" with big smiles.

The girl was Rosa Elena, who lived nearby in very poor circumstances. The home, such as it was, belonged to the grandparents and was occupied by several of their grown children, spouses, and quite a few grandchildren of varying ages. They collected wood for cooking over an open fire on the ground; had intermittent running water from an ancient community well and intermittent electricity from old wiring. There were no telephone or cable services.

More children came to my house to enjoy whatever I offered. Some people in town heard about this and asked friends in Austin, Texas to buy some children's books in Spanish. One afternoon, Rosa Elena discovered the new books on the shelf, sat down in a big *icapali* (handmade Acapulco-style woven) chair, and read to two little kids who joined her.

Niños Curiosos · Rosa Elena

Un día, para deleite de los niños que estaban afuera de mi puerta, les di un lápiz nuevo a cada uno.

Al día siguiente había nueve niños mirando, así que los invité a mi patio y les di papel reciclado para que lo usaran con sus lápices. Compartieron las seis sillas alrededor de la mesa y se pusieron a trabajar alegremente con creatividad. La niña mayor tenía nueve años y después de una hora de actividad, encontró una escoba, barrió alrededor de la mesa y les dijo a los niños que limpiaran sus lugares. Luego los condujo a la puerta y todos dijeron "Gracias" con grandes sonrisas.

La niña era Rosa Elena, que vivía cerca en condiciones muy pobres. La casa, tal como estaba, pertenecía a los abuelos y estaba ocupada por varios de sus hijos mayores, cónyuges y bastantes nietos de distintas edades. Recogían leña para cocinar a fuego abierto en el suelo; tenían agua corriente intermitente de un antiguo pozo comunitario y electricidad intermitente de cableado viejo. No había servicios de teléfono ni de cable.

Más niños vinieron a mi casa a disfrutar de todo lo que les ofrecía. Algunas personas en el pueblo se enteraron de esto y pidieron a sus amigos en Austin, Texas, que compraran algunos libros para niños en español. Una tarde, Rosa Elena descubrió los libros nuevos en el estante, se sentó en una gran silla de icapali y les leyó a dos niños pequeños que se unieron a ella.

Once again, I was amazed at the palpable joy these children were experiencing, this time over a book with bright-colored pictures and a story! These children had never had books, no one had ever read to them. I could not begin to imagine the daily struggle that takes place for all the families in this community, just to maintain the basic needs of meals and shelter, not to mention education.

It was very apparent that many of the children were underfed, perhaps undernourished. Earlier we'd begun to provide snacks for the kids during music time. As they all gathered in the front patio, they'd hold out their hands and an adult would squirt sanitizer into very dirty palms. At first, the children didn't know what to do with this gooey stuff but soon found it giggle-worthy.

We had plastic stools which they dragged to the patio. Some sat on a cement ledge that went around a rock garden. I'd play a song or two on the keyboard while everybody got settled, and, watching them, I noticed that some of the children were trying to stuff some of their snacks into their pockets! The snacks were usually some fruit, tostadas, cheese, nuts, or seeds—but nothing wrapped. I couldn't imagine why they'd do such a thing. One of the adult volunteers who was much more familiar with the culture explained that the child was taking some food home to share with another sibling or even a parent. I'm beginning to understand the daily struggles that beset my neighbors.

Rosa Elena's father had been working in the United States and sending small amounts of money to his family. Rosa Elena was determined to go to college. She has now graduated with majors in child psychology and education. She taught literacy to Ojalá's little kids for a year, until she found a full-time teaching position.

Una vez más, me sorprendió la alegría palpable que estos niños estaban experimentando, ¡esta vez por un libro con imágenes de colores brillantes y una historia! Estos niños nunca habían tenido libros, nadie les había leído nunca. No podía ni empezar a imaginar la lucha diaria que tienen que afrontar todas las familias de esta comunidad, sólo para mantener las necesidades básicas de alimentación y alojamiento, sin mencionar la educación.

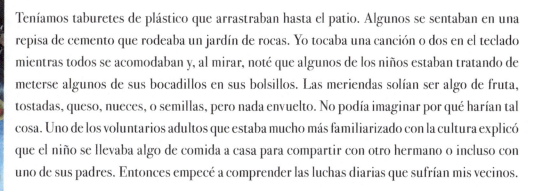

Era muy evidente que muchos de los niños estaban mal comidos, tal vez desnutridos. Anteriormente habíamos comenzado a ofrecer refrigerios a los niños durante la hora de música. Mientras todos se reunían en el patio delantero, extendían las manos y un adulto rociaba desinfectante en las sucias palmas. Al principio, los niños no sabían qué hacer con esta sustancia pegajosa, pero pronto descubrieron que era muy útil.

Teníamos taburetes de plástico que arrastraban hasta el patio. Algunos se sentaban en una repisa de cemento que rodeaba un jardín de rocas. Yo tocaba una canción o dos en el teclado mientras todos se acomodaban y, al mirar, noté que algunos de los niños estaban tratando de meterse algunos de sus bocadillos en sus bolsillos. Las meriendas solían ser algo de fruta, tostadas, queso, nueces, o semillas, pero nada envuelto. No podía imaginar por qué harían tal cosa. Uno de los voluntarios adultos que estaba mucho más familiarizado con la cultura explicó que el niño se llevaba algo de comida a casa para compartir con otro hermano o incluso con uno de sus padres. Entonces empecé a comprender las luchas diarias que sufrían mis vecinos.

El padre de Rosa Elena había estado trabajando en Estados Unidos y enviando pequeñas cantidades de dinero a su familia. Rosa Elena estaba decidida a ir a la universidad. Y logro graduarse en psicología y educación infantil. Enseñó alfabetización a los niños pequeños de Ojalá durante un año, hasta que encontró un puesto docente de tiempo completo.

Eva

In the spring of 2008 it was clear I would be hosting more and more neighborhood children for art, music, books and snacks on Wednesday afternoons.

I needed a vacation and went to visit a dear friend on Pender Island in British Columbia. At a gathering I met a young woman named Eva who was looking for something special to do during the summer between college years. She was excited about coming to Mexico, meeting the kids, and sharing several art projects with them.

When Eva arrived, the kids loved her immediately and became even more animated in her presence. The first project was stick puppets, all different, all adorable. The stick puppets inspired the children to create little plays or conversations and then dance around the garden with them while I played my keyboard on the porch.

Eva was the first volunteer for what became Ojalá Niños and left us all with delightful memories.

Eva

En la primavera de 2008 estaba claro que recibiría cada vez a más niños del vecindario para recibir clases de arte, música, libros y meriendas los miércoles por la tarde.

Necesitaba unas vacaciones y fui a visitar a un querido amigo en Pender Island en Columbia Británica. En una reunión conocí a una joven llamada Eva que buscaba algo especial que hacer durante el verano entre los años universitarios. Estaba entusiasmada por venir a México, conocer a los niños y compartir varios proyectos de arte con ellos.

Cuando llegó Eva, los niños la amaron inmediatamente y se animaron aún más en su presencia. El primer proyecto fueron títeres de palitos, todos diferentes, todos adorables. Los títeres de palo inspiraron a los niños a crear pequeñas obras de teatro o conversaciones y luego bailar con ellos por el jardín mientras yo tocaba el teclado en el porche.

Eva fue la primera voluntaria de lo que se convirtió en Ojalá Niños y nos dejó a todos recuerdos encantadores.

The Welcome
La Bienvenida

11

The Welcome

Few of my adult neighbors had acknowledged my presence. One day I was walking with my small dog to a nearby tienda when a tiny old woman appeared from behind a crooked wooden gate. She was stooped and her legs seemed  too fragile to hold her up. But her almost toothless smile went straight to my heart. She was wearing the usual uniform: an old house dress and an apron under several layers of fraying shawls. She raised her arm and called to me, "*Ven, Ven—bienvenidos a mi casa* (Come, come—welcome to my house)."

Her house looked like an enormous lump of brown clay, molded into a shape to have shelter and included a doorway and two small windows. The doorway had no door and the windows had no glass. Rather, in those openings hung fabric, like curtains. This was a real adobe house, old-style. It might have been older than the animated little woman who directed me to sit on the one spindly metal chair on the dirt in front of her casa.

She then ducked into the house and came out with a tray holding two glasses of liquid. She graciously offered me *agua de fruta* (homemade natural fruit water). It was cool and delicious. She was clearly happy to be hosting a guest. I felt I was in the presence of a person with ancient wisdom who lives and sees beyond all that is our "now."

La Bienvenida

Pocos de mis vecinos adultos habían reconocido mi presencia. Un día estaba caminando con mi perro pequeño hacia una tienda cercana cuando una viejecita apareció detrás de una puerta de madera torcida. Estaba encorvada y sus piernas parecían demasiado frágiles para sostenerla. Pero su sonrisa casi desdentada llegó directa a mi corazón. Llevaba el uniforme habitual: un vestido viejo de casa y un delantal bajo varias capas de chales deshilachados. Levantó el brazo y me dijo: "Ven, Ven—bienvenida a mi casa."

Su casa parecía un enorme trozo de arcilla marrón, moldeado para darle refugio e incluía una entrada y dos pequeñas ventanas. La entrada no tenía puerta y las ventanas no tenían vidrio. Más bien, en esas aberturas colgaban telas, como cortinas. Esta era una verdadera casa de adobe, de estilo antiguo. Podría haber sido mucho más antigua que la animada mujercita que me indicó que me sentara en la única silla de metal frente a su casa.

Luego entró en la casa y salió con una bandeja que contenía dos vasos de líquido. Ella amablemente me ofreció agua de fruta (agua de frutas natural casera). Fue fresco y delicioso. Estaba claramente feliz de recibir a un invitado. Sentí que estaba en presencia de una persona con sabiduría ancestral que vive y ve más allá de todo lo que es nuestro "ahora."

On another day, I looked out my window and saw my new friend walking past my house carrying a large, obviously heavy bag. She had been to a real store, over a mile away! I ran out and offered to help her the last short distance to her house. When I took one handle of the bag, I nearly fell over! How in all the world did this tiny, seemingly frail being carry this weight all this way?

Again, I was in the presence of a person with ancient strength who felt no limits to what must be done. I felt the weight of the bag. She just carried the bag.

Al día siguiente miré por la ventana y vi a mi nueva amiga pasar por mi casa con una enorme y pesada bolsa. ¡Había ido una tienda que estaba a más de un kilómetro y medio de distancia! Salí corriendo y me ofrecí a ayudarla en el último tramo hasta su casa. Cuando tomé un asa de la bolsa, ¡casi me caigo! ¿Cómo es posible que este ser diminuto y aparentemente frágil haya podido cargar con este peso hasta aquí?

Nuevamente estaba en presencia de una persona con una fuerza ancestral que no sentía límites a lo que debía hacerse. Sentí el peso de la bolsa. ella solo llevaba la bolsa.

Meeting My Neighbors

One afternoon, my neighbor, Juana drove by my house in her red pickup, saw me outside, and stopped to invite me to their house in *un rato* (in a while). Time in Mexican culture is an enigma. It has no exact meaning, like ten minutes or two hours. So, I waited a little while and walked over.

Juana, her husband, and two little girls lived in one of the few complete houses in the village. It was only thirty meters away from my house on a corner. I met the girls, Natalie, age six, and Carmen, age eight, and their grandmother, Gloria. I was treated like a very special guest and asked to sit down at the table filled with platters and bowls of food. I had been invited to *comida* (the big meal of the day, served in the afternoon).

The food was delicious and the company was delightful. When we had finished our comida the girls got up to clear the dishes, excused themselves, and disappeared.

Their mother and grandmother scooted their chairs closer to mine and leaned over the table, seeming to want to tell me a big secret. "Señora," they began, "you must be very careful here. You must not have anything to do with those people." She pointed in the direction across the narrow dirt road to where "those people" lived. That was where all of the children who came to my house so often to be happy and creative, lived.

The grandmother continued in a soft, gravelly voice, "They are poor and dirty, and they will rob you!" I was stunned and speechless. I did know them to be poor, and often quite dirty, but I'd always loved their collective spirit, so I didn't really notice the poor and dirty parts. As for robbing me, they had always shown great respect for the materials they were given.

I had nothing to say, but they had done their good deed and I had been informed.

Conociendo a Mis Vecinos

Una tarde, mi vecina Juana pasó por mi casa en su camioneta roja, me vio afuera y se detuvo para invitarme a su casa más tarde (en un rato). El tiempo en la cultura mexicana es un enigma. No tiene un significado exacto, como diez minutos o dos horas. Entonces esperé un poco y me acerqué.

Juana, su marido y sus dos niñas vivían en una de las pocas casas completas del pueblo. Estaba a sólo treinta metros de mi casa en una esquina. Conocí a las niñas, Natalie, de seis años, y Carmen, de ocho años, y a su abuela, Gloria. Me trataron como a un invitado muy especial y me pidieron que me sentara en la mesa llena de fuentes y tazones de comida. Me habían invitado a comer.

La comida estuvo deliciosa y la compañía fue encantadora. Cuando terminamos de comer, las niñas se levantaron para recoger los platos, se disculparon y desaparecieron.

Su madre y su abuela acercaron sus sillas a la mía y se inclinaron sobre la mesa, para contarme "un gran secreto." "Señora," comenzaron, "aquí hay que tener mucho cuidado. No debes tener nada que ver con esa gente." Señaló en dirección del estrecho camino de tierra hacia donde vivía "esa gente." Allí vivían todos los niños que tantas veces venían a mi casa para ser felices y creativos.

La abuela continuó con voz suave y ronca: "¡Son pobres y sucios y te robarán!" Me quedé atónita y sin palabras. Sabía que eran pobres y, a menudo, bastante sucios, pero siempre me encantó su espíritu colectivo, así que realmente no noté las partes pobres y sucias. En cuanto a robarme, siempre habían mostrado un gran respeto por los materiales que les entregaban.

No tenía nada que decir, pero habían hecho su buena acción y me habían informado.

WALKING THE DOG
PASEANDO AL PERRO

13

Walking the Dog

I was no longer "alone" in my new home. The children came by in small groups, hoping to take Peluche for a walk. These children had never taken any dog for a walk.

Dogs in rural Mexico existed to guard a house from the roof, from where they never came down; or to be kicked or used for target practice with stones or slingshots. They were dirty, hungry, matted, and ignored—but, strangely, passive, as though in complete compliance with the way life was. I loved all animals and couldn't remember a time when I didn't have a pet. It was truly painful to witness this cruelty and disregard for animals.

I began to expand my thinking about how their time at my house could be about more than art, music, and reading. The children were always curious when I gave affection to Peluche. She was a sweet, small dog with not one snap or growl to her name. Yet they approached her with caution, reached out a tentative hand, and yanked it back as soon as Peluche tried to sniff.

I spent time encouraging the children to feel good around Peluche and told them that dogs could be special friends. This was beyond their imagination, but they still wanted to hold the leash and walk down the road. Peluche loved it because she was in complete charge. She abandoned any decorum used when walking with me and dragged the children in every direction with them giggling and showing off for the others who were waiting their turn.

My concern about the children's attitudes about animals nagged at me. I had several friends who were caring for a variety of rescued animals.

Paseando al Perro

Ya no estaba "sola" en mi nuevo hogar. Los niños pasaban en pequeños grupos con la esperanza de llevar a Peluche a pasear. Estos niños nunca habían sacado a pasear a ningún perro.

Los perros en el México rural existían para vigilar las casas desde el techo, de donde nunca bajaban; o para ser pateados o utilizados para prácticas de tiro con piedras o tirachinas. Estaban sucios, hambrientos e ignorados, pero extrañamente pasivos, como si estuvieran en total conformidad con su forma de vida. Yo amaba a todos los animales y no podía recordar un momento en el que no tuviera una mascota. Fue realmente doloroso presenciar esta crueldad y desprecio por los animales.

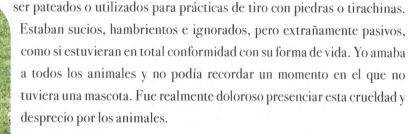

Comencé a pensar en cómo su tiempo en mi casa podría ser algo más que arte, música y lectura. Los niños siempre sentían curiosidad cuando le daba cariño a Peluche. Era una perrita dulce y pequeña que nunca gruñía. Sin embargo, se acercaron a ella con precaución, extendieron una mano vacilante y la retiraron tan pronto como Peluche intentó olfatear.

Yo dediqué tiempo en animar a los niños para que se sintieran bien con Peluche y les dije que los perros podían ser amigos especiales. Esto estaba más allá de su imaginación, pero aún querían sujetar la correa y salir a caminar con ella. A Peluche le encantó porque ella estaba completamente a cargo. Peluche abandonó cualquier decoro usado al caminar conmigo y arrastró a los niños en todas direcciones. Ellos reían y esperaban su turno.

Mi preocupación por la actitud de los niños hacia los animales me tenía contrariada. Yo tenía varios amigos que cuidaban una variedad de animales rescatados.

Hmm... I had an idea! I asked my doctor where I could buy a cheap stethoscope. He told me they were available at any pharmacy, and I bought one.

On an afternoon when we had lots of kids, my friends brought two rabbits and a hen, and we had my cat and dog. I asked the children if they knew about a stethoscope. They all did. I listened to my heart, then a friend's heart, the rabbit's heart, and Peluche's heart. Each child did the same, choosing the animal they wanted. Everybody became very quiet. The children's faces were serious. A few had tears.

No words about caring for our animal friends were necessary.

¡De pronto me surgió una idea! Le pregunté a mi médico dónde podía comprar un estetoscopio barato. Me dijo que estaban disponibles en cualquier farmacia y compré uno.

Una tarde en la que teníamos muchos niños, mis amigos trajeron dos conejos y una gallina, y yo tenía a mi gato y a mi perro. Les pregunté a los niños si conocían un estetoscopio. Todos asintieron. Primero yo escuché mi corazón, luego al corazón de un amigo, al corazón del conejo y al corazón de Peluche. Cada niño hizo lo mismo, eligiendo el animal que quería. Todos se quedaron muy callados. Los rostros de los niños estaban serios. Algunos tenían lágrimas.

No fueron necesarias las palabras para explicar el cuidado de nuestros amigos animales.

14

Washing the Car

Lavando el Carro

Washing the Car

It was a Saturday. I was doing my usual things—practicing the piano or working on my photographs. This day I was in the front garden and my old black sedan was in the driveway. The weather in this part of Mexico is wonderful year-round. But the humidity is low. Rural villages like mine have no paved streets, so in the rainy season, we have deep mud and in the dry season, we have thick, sticky dust.

A black car always looks awful!

This Saturday, several kids from the corner dwellings came by, got my attention, and with shy grins, asked if they could wash my car. I was thrilled about the car wash, but I must have looked suspicious, so they quickly told me they didn't want money!

OK! I got two buckets, rags, and soap, and hooked up the hose. There were six kids and they got to work with gusto. I watched for a few minutes and noticed they had a natural system of who sprayed, who washed, who dried. It was like choreography.

I went inside and made a huge pot of popcorn, the old-fashioned way. When I came outside with the pot, they were finished, had put everything away, and ran to the round table for the treat. The popcorn was gone in what seemed like seconds, and six pairs of entreating eyes looked at me. "Let's go in and make more," I said.

I took the pot and turned to go into the house, expecting them to be rushing after me. When I got to the door, I realized no one was behind me. I turned and saw them frozen with looks of utter astonishment and wide eyes. I remembered the earlier time when several little kids came into my kitchen to see their art on my refrigerator. These children had also never been in a whole house before.

Lavando el Carro

Era un sábado. Estaba haciendo mis cosas habituales: practicar el piano o trabajar en mis fotografías. Este día estaba en el jardín delantero y mi viejo sedán negro estaba en el camino de entrada. El clima en esta parte de México es maravilloso durante todo el año. Pero la humedad es baja. Los pueblos rurales como el mío no tienen calles pavimentadas, por lo que en la temporada de lluvias tenemos mucho barro y en temporada seca, polvo espeso y pegajoso.

¡Un coche negro siempre luce horrible!

Ese sábado vinieron algunos niños que vivían en la casa de la esquina, llamaron mi atención y con tímidas sonrisas me preguntaron si podían lavar mi auto. Yo estaba encantada con la idea, pero debí parecer indecisa, ¡así que rápidamente me dijeron que no querían dinero!

¡DE ACUERDO! Cogí dos baldes, trapos y jabón y conecté la manguera. Eran seis niños y se pusieron a trabajar con entusiasmo. Observé durante unos minutos y noté que tenían un sistema natural de quién rociaba, quién lavaba y quién secaba. Fue como una coreografía.

Entré e hice una enorme olla de palomitas de maíz, a la antigua usanza. Cuando salí con la olla, ya habían terminado, habían guardado todo y corrieron hacia la mesa redonda por la golosina. Las palomitas de maíz desaparecieron en lo que parecieron segundos y seis pares de ojos suplicantes me miraron. "Entremos y hagamos más," dije.

Tomé la olla y me di vuelta para entrar a la casa, esperando que vinieran corriendo detrás de mí. Cuando llegué a la puerta, me di cuenta de que no había nadie detrás de mí. Me volví y los vi congelados con miradas de total asombro y ojos muy abiertos. Recordé la vez anterior cuando varios niños pequeños entraron a mi cocina para ver su arte en mi refrigerador. Estos niños tampoco habían estado nunca antes en una casa terminada.

Slowly they filed in through the front door, hesitated, and looked around. The kitchen was just two steps around the corner. I went to the stove, and they gathered around me, still staring in amazement. Cooking at their homes was done in huge pots over a fire on the ground. It was urgent for them to keep a supply of wood, often collected and carried by the old women. They had no refrigerators, stoves, or appliances. A square cement sink with a spigot offered water intermittently throughout the day.

I wiped out the pot and explained how I made popcorn. One child poured oil to cover the bottom of the pot. Another covered the bottom with popcorn. I turned on the gas and covered the pot, and they quickly took turns shaking—and giggling. How exciting it was when the popcorn began to pop! Outside we went again, with a salt shaker and napkins. There was no talking; just chomping on popcorn with smiles that said it all.

After they went home, I got a book and sat on the porch admiring my clean car. About an hour later three of the girls appeared at the gate holding a pencil and piece of paper. They wanted to see me. They had no shyness, but an air of confidence I'd never seen before.

They had a plan to present. On the paper were four columns. At the top of the columns, in Spanish, were the words for popcorn, soda, napkins, and glasses. My name was below popcorn, and the three girls would each take care of one of the other things.

The plan was to do this every Saturday when they came to wash the car. The boys would do the work!

Lentamente entraron por la puerta principal, dudaron y miraron a su alrededor. La cocina estaba a sólo dos pasos a la vuelta de la esquina. Me acerqué a la estufa y ellos se reunieron a mi alrededor, todavía mirándome con asombro. En sus casas se cocinaba en enormes ollas sobre un fuego en el suelo. Era imprescindible para ellos tener suministro de madera, a menudo recogida y transportada por las ancianas. No tenían refrigeradores, estufas ni electrodomésticos. Un fregadero cuadrado de cemento con grifo ofrecía agua de forma intermitente durante todo el día.

Limpié la olla y les expliqué cómo hacía palomitas de maíz. Un niño vertió aceite para cubrir el fondo de la olla. Otro cubrió el fondo con palomitas de maíz. Abrí el gas y tapé la olla, y rápidamente se turnaron para agitarla y reír. ¡Qué emocionante fue cuando las palomitas empezaron a reventar! Salimos de nuevo, con un salero y servilletas. No se habló; simplemente continuaron masticando palomitas de maíz con sonrisas que lo decían todo.

Después de que se fueron a casa, tomé un libro y me senté en el porche admirando mi auto limpio. Aproximadamente una hora después, tres de las niñas aparecieron en la puerta con un lápiz y una hoja de papel. Querían verme. No tenían ninguna timidez, sino un aire de confianza que nunca antes había visto.

Tenían un plan que presentar. En el papel había cuatro columnas. En la parte superior de las columnas, en español, estaban las palabras para palomitas de maíz, refrescos, servilletas y vasos. Mi nombre estaba debajo de las palomitas de maíz y las tres niñas se encargarían cada una de una de las otras cosas.

El plan era hacer esto todos los sábados cuando vinieran a lavar el auto. ¡Los chicos harían el trabajo!

NEIGHBORS · AGAIN
VECINOS · OTRA VEZ

15

Neighbors · Again

One day I was walking to the tienda that Pablo and Martin had taken me to for their treat. They were also among the kids that regularly came to my house and were especially creative.

On the way, I passed by the yard behind Juana's house. The two girls came running to the fence, very excited to see me. They'd noticed the "other" children coming to my house and they asked if they could come too. Since my dinner at their house, I'd learned that this family was not part of the original Indigenous Otomí people who'd been here since before the Spanish invasion and the slavery that followed.

Juana and her family were considered outsiders—and they made no attempt to belong. The girls had never left their yard, had never met or played with the kids just across the narrow dirt road. Remember the warning: "They are poor and dirty, and they will rob you!" The girls were even driven to a primary school away from the community. What was I to do when I knew about this quiet hostility from years past? The other children always came during the week so I told the girls to come on Saturday morning.

Saturday came; I was expecting the two girls and had laid out some of the usual materials. Six children came, the girls and four boys who were visiting cousins, accompanied by three adults. The children took their seats on the six chairs around the patio table.

By now there was another very long table in the patio to accommodate more kids during the week. The new kids did all the same things. Visibly excited by the materials, they got busy, animated, and creative. The activity of the children begged no interference by the adults, who stood by, quietly amazed.

I suddenly noticed movement outside at the corner post of my fence. Surprised, disturbed faces appeared. It was some of the "other" children. Strangers were in their place, using their stuff! I took a deep breath and told them to come in, get their stuff from the shelf, sit down and get busy!

For the first time, I felt like a third-grade teacher being tough. The next few minutes were very tense. The two groups stared at each other with suspicion and caution, frozen in time. Then like a switch, the scene sprang back to life. All of the children got busy, the three adults relaxed, and I took a deep breath.

Vecinos · Otra Vez

Un día caminaba hacia la tienda a la que Pablo y Martín me habían llevado cuando les hice un pequeño regalo. Ellos también estaban entre los niños que venían regularmente a mi casa y eran especialmente creativos.

En el camino pasé por el patio detrás de la casa de Juana. Las dos chicas vinieron corriendo hacia la valla, muy emocionadas de verme. Se dieron cuenta de que los "otros" niños venían a mi casa y me preguntaron si podían venir ellas también. Desde mi comida en su casa, supe que esta familia no era parte del pueblo indígena otomí que originalmente había estado aquí desde antes de la invasión española.

Juana y su familia eran considerados forasteros y no hicieron ningún intento por pertenecer. Las niñas nunca habían salido de su jardín, nunca habían conocido ni jugado con los niños al otro lado del estrecho camino de tierra. Recuerda la advertencia: "¡Son pobres y sucios y te robarán!" Las niñas incluso fueron llevadas a una escuela primaria alejada de la comunidad. ¿Qué podría hacer yo sabiendo de esta silenciosa hostilidad de años? Los otros niños siempre venían entre semana, así que les dije a las niñas que vinieran el sábado por la mañana.

Llegó el sábado; Estaba esperando a las dos niñas y había preparado algunos de los materiales habituales. Vinieron seis niños, las niñas y los cuatro niños que estaban de visita en su casa que eran sus primos, acompañados de tres adultos. Los niños se sentaron en las seis sillas alrededor de la mesa del patio.

Yo había comprado y puesto otra mesa muy larga en el patio para acomodar a más niños durante la semana. Los nuevos chicos hicieron todas las mismas cosas. Visiblemente emocionados por los materiales, se ocuparon muy animados y creativos. La actividad de los niños no requería ninguna interferencia por parte de los adultos, que permanecían quietos y asombrados.

De repente noté movimiento afuera en el poste de la esquina de mi cerca. Aparecieron rostros sorprendidos y perturbados. Eran algunos de los "otros" niños. ¡Extraños estaban en su lugar, usando sus cosas! Respiré hondo y les dije que entraran, sacaran sus cosas del estante, se sentaran y se pusieran a trabajar.

Por primera vez, me sentí como una estricta maestra de tercer grado. Los siguientes minutos fueron muy tensos. Los dos grupos se miraban con recelo y cautela, congelados en el tiempo. Luego de repente la escena volvió a la vida. Todos los niños se pusieron a trabajar, los tres adultos se relajaron y yo respiré profundamente.

Choral Concert at La Parroquia

From my earliest days in San Miguel de Allende, my friend Susana Reyes and I formed little choir classes anywhere we could, beginning at the girls' orphanage in the center of town. The choirs soon had invitations to sing at many gatherings. Within a year, there were singing children in schools and neighborhoods.

When the Christmas tree was lit in the main square in front of La Parroquia de San Miguel Arcángel, the grand cathedral in the center of San Miguel de Allende, a huge stage was set up to accommodate at least 150 children, divided around the centerpiece of a keyboard, a trumpet player, and two opera singers.

After I moved to San Miguel Viejo in 2007, I continued to promote many musical groups.

In August of 2009, a university choir was coming from Virginia in the United States to take part in the Chamber Music Festival. At that time I had nearly 70 children coming to my house for art, music, and literacy every Wednesday afternoon.

I had never been able to schedule a group in the main church in the center of San Miguel de Allende. I knew the children had never been there either, and I was determined to make both happen. Through that well-known maze of who knows who, I was finally able to get an audience with the priest in charge of all the *Parroquias* (parish churches) in the area.

I went to meet the priest prepared with a promise. The university choir from Virginia had several programs to choose from, one was all sacred music. Being very familiar with all kinds of clergy protocol, I promised that if this choir could perform for the community in La Parroquia de San Miguel Arcángel, they would sing an entirely sacred program. The priest seemed very kind, but I could tell he didn't give out yeses very easily or quickly. So, we sat quietly while he ruminated.

This was apparently all new to him. An American lady was in his sanctuary, daring to ask for such a monumental favor. Finally, he nodded, shook his head, then nodded again, and stood up and offered his hand. He never said another word, but I detected a tiny smile. I like to think he was also glad to have engaged in this exercise and to be using his office to allow something totally out of his usual purview.

Concierto Coral en La Parroquia

Desde mis primeros días en San Miguel de Allende, mi amiga Susana Reyes y yo formamos pequeñas clases de coro en todos los lugares que pudimos, comenzando en el orfanato de niñas en el centro del pueblo. Los coros pronto recibieron invitaciones para cantar en muchas reuniones. Al cabo de un año, había niños cantando en las escuelas y en los barrios.

Cuando se encendió el árbol de Navidad en la plaza principal frente a La Parroquia de San Miguel Arcángel, (la gran catedral en el centro de San Miguel de Allende) se instaló un enorme escenario para acomodar al menos 150 niños, divididos alrededor de los actores principales: un tecladista, un trompetista y dos cantantes de ópera.

Después de mudarme a San Miguel Viejo en 2007 seguí promocionando muchos grupos musicales.

En agosto de 2009, un coro universitario venía desde Virginia, Estados Unidos, para participar en el Festival de Música de Cámara. En esos momentos, casi 70 niños venían a mi casa en busca de arte, música y alfabetización todos los miércoles por la tarde.

Nunca había podido programar un grupo en la iglesia principal en el centro de San Miguel de Allende. Sabía que los niños tampoco habían estado allí nunca y estaba decidida a que ambas cosas sucedieran. A través de ese conocido laberinto de quién sabe quién, finalmente pude conseguir una audiencia con el cura encargado de todas las Parroquias de la zona.

Fui al encuentro del sacerdote con una promesa. El coro de la universidad de Virginia tenía varios programas para elegir, uno de ellos era exclusivamente música sacra. Como yo estaba muy familiarizada con todo tipo de protocolo del clero, prometí que, si mi coro podía actuar para la comunidad en La Parroquia de San Miguel Arcángel, ellos cantarían un programa enteramente sacro. El sacerdote parecía muy amable, pero me di cuenta de que no decía sí con mucha facilidad ni rapidez. Entonces, nos sentamos en silencio mientras él reflexionaba.

Al parecer todo esto era nuevo para él. Una dama americana se encontraba en su santuario, atreviéndose a pedir tan monumental favor. Finalmente, asintió, sacudió la cabeza, luego volvió a asentir, se levantó y me ofreció la mano. Nunca dijo una palabra más, pero detecté una pequeña sonrisa. Me gusta pensar que también se alegró de haber participado en este proyecto y de utilizar su cargo para permitir algo totalmente fuera de su ámbito habitual.

Now we just had to get the children there. With all the kids coming to my house, Juana, my neighbor, had begun to help me. She was the person who had warned me about those "other" kids, and her two young daughters were coming to the classes.

She had a gift for organizing, sourcing, and fixing almost anything. She got a city bus owner to bring his bus to the village, take us all to La Parroquia, wait, and bring us back. He charged 600 pesos, which I got a friend to fund.

The choral concert was on Thursday, August 6, 2009. We packed the bus with children, Juana and four other parents, and me. The air on the bus trembled from the excitement felt by all the children. Arriving at La Parroquia, their faces lit up at the spectacle of this enormous, beautiful building. They walked reverently up the stairs, across the plaza, and into the magnificent expanse. They were all clearly aware that this was a sacred space and were transformed by it.

A portion of the front pews was saved for us. The rest were filling up. During the wonderful concert, our children were entranced with the music and the young faces of the choir.

During a pause, a girl sitting next to Juana asked, "How do they get to do that?"

Those words have inspired me all these years. Those words mean that the spark for learning has been ignited.

Ahora sólo teníamos que llevar a los niños allí. Con todos los niños llegando a mi casa, Juana, mi vecina, había comenzado a ayudarme. Ella era la persona que me había advertido sobre esos "otros" niños, y sus dos hijas pequeñas iban a asistir a las clases.

Tenía un don para organizar, abastecer y arreglar casi cualquier cosa. Consiguió que el dueño de un autobús urbano trajera su autobús al pueblo, nos llevara a todos a La Parroquia, esperara y nos trajera de regreso. Cobró 600 pesos, que conseguí que un amigo financiara.

El concierto coral fue el jueves 6 de agosto de 2009. Llenamos el autobús con los niños, Juana, otros cuatro padres y yo. El aire en el autobús tembló por la emoción que sentían todos los niños. Al llegar a La Parroquia, sus rostros se iluminaron ante el espectáculo de este enorme y hermoso edificio. Subieron con reverencia las escaleras, cruzaron la plaza y entraron en la magnífica explanada. Todos eran claramente conscientes de que se trataba de un espacio sagrado y fueron transformados por él.

Una parte de los asientos delanteros fue reservada para nosotros. El resto se fue llenando. Durante el maravilloso concierto, nuestros niños quedaron fascinados con la música y los jóvenes rostros del coro.

Durante una pausa, una niña sentada al lado de Juana preguntó: "¿Cómo pueden hacer eso?"

Esas palabras me han inspirado todos estos años. Esas palabras significan que se ha encendido la chispa del aprendizaje.

Chamber Music in San Miguel Viejo

I was the pianist every Sunday morning for the Unitarian Universalist Fellowship of San Miguel de Allende. We also invited a special musician or musicians each Sunday. On the Sunday after the choral concert in La Parroquia, a quartet that had been a part of the Chamber Music Festival, the Haven String Quartet from New Haven, Connecticut, played for the Unitarian Fellowship service.

At the time during the service for expressing "joys and concerns" I stood up and talked about the children being at La Parroquia, hearing beautiful music for the first time, and the comment by one child, "How do they get to do that?"

After the service, the members of the quartet cornered me and offered to come to our community to give a concert!

In our village of San Miguel Viejo, there is a beautiful small *capilla* (chapel) built in 1542. The capilla is as old as San Miguel de Allende and is the site of many local celebrations. A priest from one of the seven Parroquias in San Miguel de Allende came every Monday evening to perform a mass.

On the following Friday evening, the Haven String Quartet came to San Miguel Viejo and played a concert for

Música de Cámara en San Miguel Viejo

Yo era la pianista todos los domingos por la mañana en la Fraternidad Unitaria Universalista de San Miguel de Allende. También invitábamos a un músico o músicos especiales cada domingo. El domingo después del concierto coral en La Parroquia, un cuarteto que había sido parte del Festival de Música de Cámara, el cuarteto de cuerdas Haven de New Haven, Connecticut, tocó en el servicio para la Fraternidad Unitaria Universalista.

En el momento durante el servicio en el que se expresan "preocupaciones y alegrías" me puse de pie y hablé de los niños que estuvieron en La Parroquia, escuchando música hermosa por primera vez, y también hablé de la pregunta que hizo un niño: "¿Cómo pueden hacer eso? "

¡Después del servicio, los miembros del cuarteto se me acercaron y se ofrecieron a venir a nuestra comunidad para dar un concierto!

En nuestro pueblo de San Miguel Viejo, hay una hermosa y pequeña capilla construida en 1542. La capilla es tan antigua como San Miguel de Allende y es el lugar de muchas celebraciones locales. Un sacerdote de una de las siete parroquias de San Miguel de Allende venía todos los lunes por la noche a celebrar una misa.

El viernes siguiente por la noche, el Cuarteto de Cuerdas Haven vino a San Miguel Viejo y tocó un concierto para

over ninety children and their families. They sat in front of the historic 16th-century capilla as the sun set and played a program of Mozart and Dvorak for a rapt audience of folks who had never heard such music, much less witnessed a live performance by excellent, animated musicians. One of the musicians spoke in Spanish and explained about the music and how to listen to and enjoy the concert.

Following the concert, a reception was given by people from San Miguel Viejo, serving lots of delicious food and aguas de frutas. It was a magical evening for all, and hopefully a new beginning for music in the rancho.

más de noventa niños y sus familias. Se sentaron frente a la histórica capilla del siglo XVI mientras se ponía el sol y tocaron un programa de Mozart y Dvorak para una audiencia de gente que nunca había escuchado esa música y mucho menos había presenciado una actuación en vivo de excelentes y animados músicos. Uno de los músicos habló en español y explicó sobre la música y cómo escuchar y disfrutar el concierto.

Después del concierto, hubo una recepción por parte de gente de San Miguel Viejo, en la se sirvió mucha comida deliciosa y aguas de frutas. Fue una velada mágica para todos y, con suerte, un nuevo comienzo para la música en el rancho.

First Communion

Most Mexican families are still devoted to their Catholic history. In olden times, babies were baptized a few hours or days after birth in order to ensure their place in the Kingdom of Heaven, because many babies died before their third birthday.

At the age of three, a child was baptized again, with a big family gathering to celebrate the promise of a future for the child. A few years later, the child began Catechism classes and finally had first communion at around the age of eleven to thirteen. This is the first truly important ceremony for a Catholic child.

The time came for Juana's girls, Natalie and Carmen to have their first communion. It was held in colonia San Antonio at the *Parroquia San Antonio de Padua*, a beautiful white building with a wide, long stairway from the huge plaza to the formal entrance to the church.

The communion was for nearly 300 children from San Miguel de Allende and several rural communities, including San Miguel Viejo. I stood on the steps and looked out onto a sea of fluffy white dresses and the red dots that were single roses on the lapels of white jackets worn by the boys.

Primera Comunión

La mayoría de las familias mexicanas aún son devotas de su historia católica. Antiguamente, los bebés eran bautizados pocas horas o días después de nacer para asegurar su lugar en el Reino de los Cielos, porque muchos bebés morían antes de cumplir tres años.

A la edad de tres años, los niños eran bautizado nuevamente, con una gran fiesta familiar para celebrar la promesa de un hermoso futuro. Unos años más tarde, los niños comenzaban las clases de Catecismo y finalmente hacían la primera comunión entre los once y trece años. Esta es la primera ceremonia verdaderamente importante para los niños católicos.

Llegó el momento en el que las niñas de Juana, Natalie y Carmen, hicieran su primera comunión. Se llevó a cabo en la colonia San Antonio en la Parroquia San Antonio de Padua, un hermoso edificio blanco con una amplia y larga escalera desde la enorme plaza hasta la entrada de la iglesia.

La primera comunión fue para cerca de 300 niños de San Miguel de Allende y de varias comunidades rurales, entre ellas San Miguel Viejo. Yo me paré en los escalones y miré un mar de vestidos blancos esponjosos y puntos rojos que eran rosas individuales en las solapas de las chaquetas blancas que usaban los niños.

Around the plaza was a park bursting with new spring life and packed with the families of the children—the most important were the Godparents. Then parents, siblings, grandparents, aunts, uncles—nobody missed this event.

The ceremony lasted quite a while, with every child walking up to the outside altar, receiving communion, and being individually blessed by the priest, whom they each knew. The pride and joy emanating from the crowd and all the angels in white was a vibrating energy felt and shared by everyone.

Finally, the ceremony was over, and the plaza became a moving mass of families and children finding each other and gifts and flowers being presented with hugs and tears overflowing. Cars and trucks loaded up and went back to Juana's house for a party.

There had never been such a party at this house. All the "others" were invited.

Alrededor de la plaza había un parque lleno vida primaveral y lleno de las familias de los niños; los más importantes eran los padrinos. Luego padres, hermanos, abuelos, tías, tíos. Nadie se perdió este evento.

La ceremonia duró bastante tiempo, cada niño caminó hacia el altar recibiendo la primera comunión y fue bendecido individualmente por el sacerdote, a quien conocían. El orgullo y la alegría que emanaban la multitud y todos los ángeles vestidos de blanco era una energía vibrante que todos sentían y compartían.

Finalmente, la ceremonia terminó y la plaza se convirtió en una masa conmovedora de familias y niños que se encontraban y se entregaban regalos y flores entre abrazos y lágrimas desbordantes. Los autos y camionetas arrancaron y regresaron a la casa de Juana para una gran fiesta.

Nunca había habido una fiesta así en esa casa. Todos los "otros niños" también fueron invitados.

Quinceañera

When I first came to Mexico, I learned that most folks had no cameras, so no current photos. Children were always posing when they saw me and my camera.

I began printing the photos and giving them to the families. The responses ranged from no words with warm, moist eyes, to arms opening to me and closing to the heart. I never heard the word "Gracias," but the gestures meant more. The kids, on the other hand, were beset with uncontrollable giggles when seeing their images.

After being invited to several more celebrations in humble homes, folks accepted that I didn't plant myself on a chair and stay there. Often, there were other family members at these events who didn't live in the village but came from town. I used the excuse to go around and meet them, and when it felt right, I took a photo of them or their group.

I knew enough Spanish to communicate with most people, but most rural folks don't speak *that* Spanish! They speak a kind of dialect, acquired over eons of time, from their Chichimeca or Otomí roots. Many are illiterate, never reading or really hearing correct modern Spanish. And they spoke very fast so I didn't understand a word!

With the children, I would always bend down and say, "*Mas despacito por favor* (More slowly please)." That didn't help much because they didn't realize that it wasn't just the speed, it was the actual idioms that were strange to me. But with my camera, I became a welcome guest and I was able to do my thing.

One day, a young woman named Alma came to my gate to ask if I would come to her younger sister's *Quince años*—15th birthday. How exciting, I was becoming known as the community photographer!

For any Mexican girl, her 15th birthday is the highlight of her life to that point. No

Quinceañera

Cuando llegué por primera vez a México, aprendí que la mayoría de la gente no tenía cámaras, por lo que no tenían fotografías. Los niños siempre estaban posando cuando me veían a mí y a mi cámara.

Yo comencé a imprimir fotos y a regalárselas a las familias. Las respuestas variaron, desde ninguna palabra con ojos llenos de lágrimas, hasta brazos que llegaron hasta el fondo de mi corazón. Nunca escuché la palabra "Gracias," pero los gestos significaban más. Los niños, por otro lado, se rieron incontrolablemente al ver sus imágenes.

Después de ser invitada a varias celebraciones más en hogares humildes, la gente aceptó que yo no era de quedarme sentada en una silla. En estos eventos había otros miembros de la familia que no vivían en el pueblo, sino que venían de la ciudad. Yo usaba la excusa de ir a conocerlos y, cuando me parecía oportuno, les tomaba una foto a ellos o a su grupo.

Sabía suficiente español para comunicarme con la mayoría de la gente, ¡pero la mayoría de la gente del campo no habla *ese* español! Hablan una especie de dialecto, adquirido de sus raíces chichimecas u otomíes. Muchos son analfabetos y nunca leen ni escuchan correctamente el español moderno. ¡Y hablaban muy rápido así que no entendía ni una palabra!

Con los niños siempre me agachaba y decía: "Mas despacito por favor." Eso no ayudó mucho porque no se dieron cuenta de que no era sólo la velocidad, sino también los modismos lo que me resultaba extraño. Pero con mi cámara me convertí en una invitada siempre bienvenida y podía hacer lo mío.

Un día, una joven llamada Alma vino a mi puerta para preguntarme si podía asistir a los quince años de su hermana menor, el cumpleaños número 15 de su hermana menor. ¡Qué emocionante, me estaba dando a conocer como la fotógrafa de la comunidad!

Para cualquier niña mexicana, su cumpleaños número 15 es el momento más destacado de

matter how poor, all resources are tapped by the whole extended family to make this an unforgettable occasion for the girl and a generous party for everybody else. It is the day when her father proudly presents his daughter to society as a woman, leaving childhood and beginning adulthood.

First, there's a mass at a church in town, much like a wedding with a dress and flowers. She is accompanied by six to eight male attendants in the same age group, all in formal dress, with ties and handkerchiefs matching the color of the girl's dress. Today she is a princess, a queen, a bride—ready for womanhood.

Then there's the party. Many families hire a large hall and lavishly decorate it with hundreds of balloons, yards and yards of beautiful fabric that move gently overhead, and enormous containers of flowers, all coordinated with the chosen color of the girl's dress. The cake is usually at least three tiers tall and carried to the main table by two or three people.

This party is where the girl and her attendants hold court. All the tables have cloths and flowers, also color coordinated, and many bottles of beer, sodas, and tequila. Sometimes the food is catered, but often it is prepared and served by the members of the family. If the party happens at home in the village, all the same elements are present. Wherever it is, it's an amazing experience for the likes of us.

su vida hasta ese momento. No importa lo pobre que sea, toda la familia aprovecha todos los recursos para hacer de ésta una ocasión inolvidable para la niña y una fiesta generosa para todos los demás. Es el día en que su padre presenta con orgullo a su hija ante la sociedad como mujer, dejando la niñez y comenzando la edad adulta.

Primero, hay una misa en una iglesia de la ciudad, muy parecida a una boda con vestido y flores. La acompañan entre seis y ocho chambelanes masculinos del mismo grupo de edad, todos vestidos formalmente, con corbatas y pañuelos a juego con el color del vestido de la niña. Hoy ella es una princesa, una reina, una novia, lista para convertirse en mujer.

Luego está la fiesta. Muchas familias alquilan un gran salón y lo decoran con cientos de globos, metros y metros de hermosas telas que se mueven suavemente sobre sus cabezas y enormes contenedores de flores, todo coordinado con el color elegido del vestido de la niña. El pastel suele tener al menos tres niveles de alto y dos o tres personas lo llevan a la mesa principal.

En esta fiesta es donde la niña y sus amigos se reúnen. Todas las mesas tienen manteles y flores, también de colores coordinados, y muchas botellas de cerveza, refrescos y tequila. A veces la comida la prepara un servicio de catering, pero a menudo la preparan y sirven los miembros de la familia. Si la fiesta se celebra en la casa del pueblo, estarán presentes todos los mismos elementos. Dondequiera que esté, es una experiencia increíble para personas como nosotros.

For weeks before this event, the male attendants have been practicing with the girl for the main event—called *el vals* (the waltz). This is a choreographed dance performance that presents the girl to her family and the community as a woman. It can be compared to the "coming out" for sixteen-year-old American girls, but that event on this scale is usually reserved for the more affluent families. In Mexico, it is still the norm for everyone, no matter what their social or economic status.

Over the succeeding years, I attended many 15th birthdays for girls in my community and other family friends in San Miguel de Allende. To be a part of these important events gave me invaluable insights into a culture I had come to appreciate and love. I would never fully understand, but that didn't matter. I was arriving at acceptance instead of judgment— and that was humbling.

Durante semanas antes de la fiesta, los chambelanes practican con la quinceañera para el evento principal, el vals. Se trata de un espectáculo de baile coreografiado que presenta a la niña ante su familia y la comunidad como una mujer. Se puede comparar con la celebración de dieciséis años de las chicas estadounidenses (sweet sixteen), pero ese evento suele estar reservado para las familias más adineradas. En México sigue siendo la norma para todos, sin importar su estatus social o económico.

Durante los años siguientes, asistí a muchas quinceañeras de niñas de mi comunidad y de otros amigos de la familia en San Miguel de Allende. Ser parte de estos importantes eventos me brindó conocimientos invaluables sobre una cultura que había llegado a apreciar y amar. Nunca lo entendería del todo, pero eso no importaba. Estaba llegando a la aceptación en lugar de al juicio, y eso me hacía sentir humilde.

WHAT IS IT ABOUT A FLOOR?

¿QUÉ TIENE UN PISO?

20

What is it About a Floor?

In 1991 a huge cotton factory on the edge of San Miguel de Allende, which had provided jobs and housing for many residents since 1902, closed.

Little by little, it became a place occupied by artists for their studios and is now completely restored, maintaining the original architecture and much of the machinery used for cotton production. It's called "Fabrica Aurora— Art and Design Center." In addition to housing artists with studios and galleries, there are several restaurants. Fabrica Aurora hosts many special events and has become an important destination for visitors and locals alike.

So, why not take some young artists from San Miguel Viejo to this wonderful place? I had a number of friends with galleries there who said they'd welcome the children. It was summer, no school, so on a Wednesday afternoon I announced a "field trip" to Fabrica Aurora the next day, leaving my house at 10:00 am and returning at noon. Eight kids signed up. I used my car and a friend drove a pickup. The back of a pickup is the favorite mode of transportation for all children in Mexico… and is apparently totally legal.

The large entrance area at Fabrica Aurora has a big round fountain surrounded by beautiful blooming plants. The children were entranced and stayed there for a while, gently playing in the water with their hands. A group

¿Qué Tiene un Piso?

En 1991, cerró una enorme fábrica de algodón en las afueras de San Miguel de Allende, que había proporcionado empleo y vivienda a muchos residentes desde 1902.

Poco a poco se fue convirtiendo en un lugar usado por artistas para sus talleres y actualmente se encuentra completamente restaurada, manteniendo la arquitectura original y gran parte de la maquinaria utilizada para la producción de algodón. Se llama "Fábrica La Aurora–Centro de Arte y Diseño." Además de albergar a artistas con estudios y galerías, hay varios restaurantes. Fabrica La Aurora alberga muchos eventos especiales y se ha convertido en un destino importante tanto para visitantes como para lugareños.

Entonces, ¿por qué no llevar algunos artistas jóvenes de San Miguel Viejo a este maravilloso lugar? Tenía varios

amigos con galerías allí que dijeron que darían la bienvenida a los niños. Era verano, no había clases, así que un miércoles por la tarde anuncié una "excursión" a Fábrica La Aurora al día siguiente, saliendo de mi casa a las 10:00 am y regresando al mediodía. Se inscribieron ocho niños. Utilicé mi coche y un amigo conducía una camioneta. La parte trasera de una camioneta es el medio de transporte favorito de todos los niños en México y aparentemente es totalmente legal.

La gran zona de entrada de Fabrica La Aurora tiene una gran fuente redonda rodeada de hermosas plantas en flor. Los niños quedaron fascinados y se quedaron allí un rato, jugando suavemente en el agua con las manos. Un

of Mexican tourists came by and loudly exclaimed about "these interesting children!" They asked if they could take photos!

The children shrank away, heads down, embarrassed. I was torn by anger at the people and regretted that I had exposed the children to this abuse. They were learning another hard lesson about the difference in cultures. I responded by getting between the cameras and the kids and telling the people to move on.

Yes, there is a very clear class system in Mexico, determined by skin color and Indigenous features. The children were not surprised and the visitors were not "bad" people. They were just very white... lots of European blood with the attending privilege and they didn't expect to see these children in this place.

Proceeding on our planned journey, we went to the studio/gallery of a local artist who was very kind to the children, showed them a lot of her artistic process, and explained her use of materials and techniques. I hoped they had forgotten all about the earlier incident.

We left the studio and began to explore the fascinating array of galleries situated in a maze of connecting passages. We arrived at a crossroads of four passages, a large space with two bathrooms—one for women, one for men. Bathrooms, with toilets and sinks! Remember, these children didn't have this at home. They lined up according to boys and girls, their bodies animated with excitement, as though there would be a great surprise on the other side of the door.

As they took their turns and came out, they discovered the floor. It was a large, clean, smooth open space. They got down on the floor, scooted, lay flat out on their backs, rolled over, and pretended to swim, thoroughly feeling the clean, smooth floor.

This happened during a time when no other visitors were around. But a tall American man appeared from one of the corridors, stopped stock still, and shouted with a sniffy tone, "What are these children doing all over the floor?"

At that moment came my next epiphany about my neighbors. "They don't have floors at home!" I said in an equally sniffy tone. Then I sat down with the children, scooted around a little, and we all got a case of uncontrolled giggles.

grupo de turistas mexicanos se acercó y exclamó en voz alta: "¡Estos niños se ven interesantes!" ¡Preguntaron si podían tomar fotos!

Los niños se alejaron, con la cabeza agachada, avergonzados. Me sentí desgarrada por la ira hacia la gente y lamenté haber expuesto a los niños a este abuso. Estaban aprendiendo otra dura lección sobre la diferencia cultural. Yo respondí colocándome entre las cámaras y los niños diciéndoles a la gente que siguieran adelante.

Sí, en México hay un sistema de clases muy claro, determinado por el color de la piel y los rasgos indígenas. Los niños no se sorprendieron y los visitantes no eran "malas" personas. Simplemente eran muy blancos. Mucha sangre europea con el privilegio de asistir y no esperaban ver a niños como ellos en este lugar.

Continuando con nuestra excursión, fuimos al estudio/galería de una artista local que fue muy amable con los niños, les mostró gran parte de su proceso artístico y les explicó su uso de materiales y técnicas. Yo solo esperaba que se hubieran olvidado por completo del incidente anterior.

Salimos del estudio y comenzamos a explorar la fascinante variedad de galerías situadas en un laberinto de pasajes conectados. Llegamos a un cruce de cuatro pasillos, un gran espacio con dos baños, uno para mujeres y otro para hombres. ¡Baños, con sanitarios y lavabos! Recuerden, estos niños no tenían esto en casa. Hicieron dos filas, una de niños y otra de niñas, sus cuerpos estaban llenos de emoción, como si hubiera una gran sorpresa al otro lado de la puerta.

Mientras tomaban turnos y salían, descubrieron el suelo. Era un espacio abierto grande, limpio y liso. Se tiraron al suelo, se deslizaron, se tumbaron boca arriba, se dieron la vuelta y fingieron nadar, sintiendo profundamente el suelo limpio y liso.

Esto sucedió durante un tiempo en el que no había otros visitantes cerca. Pero un hombre alto americano apareció desde uno de los pasillos, se detuvo en seco y gritó con tono desdeñoso: "¿Qué están haciendo estos niños tirados por el suelo?"

En ese momento vino mi siguiente epifanía sobre mis vecinos. "¡No tienen pisos en casa!" Dije en un tono igualmente desdeñoso. Luego me senté con los niños, me moví un poco y a todos nos dio un ataque maravilloso de risa.

21. A Surprise Back Home / Una Sorpresa de Regreso a Casa

A Surprise Back Home

On the return from our field trip to Fabrica Aurora, as we drove onto the road into the village, we saw several police vehicles in front of my house. During our absence, the house had been burglarized by a boy who came from another community, driven there in a small red car, parked a few meters away.

A neighbor had noticed the strangers and told another neighbor, who ran after the boy, yelling. The boy had found a way to break into my house, emptied a huge bag of percussion instruments that the kids used during their music times, and filled it with my laptop computer, two cell phones, and several other valuable items. He was running toward the waiting car and dropped the bag when my neighbor chased him.

The neighbor took the bag back to my house, now open, and gathered a few other neighbors for "a meeting." The discussion was about whether they should call the police about the attempted burglary. If this had happened to any other member of the community, they would not have called the police. But this was "the American lady" and it was decided that she probably would call the police, so they should do the same.

As exciting as their field trip had been, the kids were even more excited to see the police! This had never happened before and the uniforms were swarming around the patio, and in the house dusting for fingerprints—an official-looking operation.

In the open side door of one of the vans, I was glad to see my bag of possessions and asked to have it back. "Oh, no señora, this is evidence" and they continued to explain to me that they would take it up to the Ministerio Publico (a large building way up on the outside edge of San Miguel that housed many legal offices for every kind of legal adjudicative process). They told me to go up there with two bi-lingual witnesses to make sworn statements that the items in the bag were mine! Really? It was only around 1:00 pm, so I thought I'd have the day to do it all. I called several friends from a phone booth, and two agreed to meet me in the lobby of that house for all things legal.

We were ushered into an office with a lawyer and a person at a computer who wrote our stories in response to questions in English and Spanish. The questions were long and complex, as were our responses – pages and pages and more pages. "Now, can I get my possessions?" I asked.

Una Sorpresa de Regreso a Casa

Al regresar de nuestra excursión a Fábrica La Aurora, mientras conducíamos por la carretera hacia el pueblo, vimos varias patrullas frente a mi casa. Durante nuestra ausencia, la casa había sido asaltada por un muchacho que venía de otra comunidad y el conductor de un pequeño auto rojo estacionado a pocos metros de distancia.

Un vecino se dio cuenta de lo que sucedía y se lo contó a otro vecino, quien corrió detrás del muchacho gritando. El muchacho había encontrado una manera de entrar a mi casa, vació una enorme bolsa de instrumentos de percusión que los niños usaban durante sus clases de música y la llenó con mi computadora portátil, dos teléfonos celulares y varios otros artículos de valor. El salió corriendo hacia el auto que lo esperaba, pero dejó caer la bolsa cuando mi vecino lo persiguió.

La vecina llevó la bolsa a mi casa, ahora abierta, y junto a algunos vecinos más para "una reunión." La discusión fue sobre si debían llamar a la policía por el intento de asalto. Si esto le hubiera pasado a cualquier otro miembro de la comunidad, no habrían llamado a la policía. Pero era "la dama americana" y pensaron que probablemente yo llamaría a la policía, por lo que ellos deberían hacerlo.

¡Por más emocionante que haya sido su excursión, los niños estaban aún más emocionados de ver a la policía! Esto nunca había sucedido antes y los uniformados pululaban por el patio y la casa limpiando el polvo en busca de huellas dactilares: una operación que parecía oficial.

En la puerta lateral abierta de una de las camionetas, me alegré de ver mi bolsa con mis pertenencias y pedí que me la devolvieran. "Oh, no señora, esto es evidencia" y continuaron explicándome que las llevarían al Ministerio Público (un edificio grande en las afueras de San Miguel que albergaba muchas oficinas para todo tipo de asuntos legales). ¡Me dijeron que fuera allí con dos testigos bilingües para hacer declaraciones de que los artículos en la bolsa eran míos! ¿En serio? Era solo alrededor de la 1:00 pm, así que pensé que tendría el día entero para hacerlo todo. Llamé a varios amigos desde una cabina telefónica y dos acordaron reunirse conmigo para ayudarme con todo el proceso legal.

Nos condujeron a una oficina con un abogado y una persona frente a una computadora que escribía nuestras historias en respuesta a preguntas en inglés y español. Las preguntas fueron largas y complejas, al igual que nuestras respuestas: páginas y páginas y más páginas. "Ahora, ¿puedo recuperar mis pertenencias?" Yo pregunté.

"Oh no, not yet. They are now over at the police station, to be itemized according to the witness statements. And now we need the person from the rancho who saw the burglary activity at your house, to also tell us what happened, please, Señora. You know who it is so you must bring him here, please Señora."

I had already experienced the way these things were done here, an authority would never tell you in the beginning of all the steps needed in the process for the completion of any official business. So, back to the rancho, back to the office, back to the rancho. It was then evening and I had no idea when I might see my stuff again. I needed my computer and cell phone.

Hmm, The situation called for bold action. Since the legal offices in that big building were open 24/7, I gathered my old sleeping bag, packed a lunch, got my pillow and a book—and went back to the same office. The same lawyer was still there, just sitting. I walked in, put my sleeping bag, pillow, lunch, and book on the floor in the corner, and said, "I'm not leaving until I get my possessions back—all of them."

I can still see the look on his face. It took two trips to my car, but by 11:00 pm I was back home with all of my stuff.

Case closed!

"Oh no, todavía no. Se encuentran consignadas, para ser corroboradas según las declaraciones de los testigos. Y ahora también necesitamos que la persona del rancho que vio el asalto en su casa, nos diga qué pasó, por favor señora. Usted sabe quién es así que debe traerlo aquí, por favor señora."

Ya había experimentado la forma en que se hacían estas cosas aquí, nunca te dirían al principio todos los pasos necesarios en el proceso para completar cualquier asunto oficial. Entonces, de vuelta al rancho, de vuelta a la oficina, de vuelta al rancho. Ya era de noche y no tenía idea de cuándo volvería a ver mis cosas. Necesitaba mi computadora y mi celular.

La situación exigía una acción audaz. Como las oficinas legales de ese gran edificio estaban abiertas las 24 horas del día, los 7 días de la semana, recogí mi viejo saco de dormir, preparé el almuerzo, cogí mi almohada y un libro y regresé a la misma oficina. El mismo abogado seguía allí, sentado. Entré, puse mi saco de dormir, mi almohada, mi almuerzo y mi libro en el suelo de la esquina y dije: "No me iré hasta que recupere mis pertenencias, todas ellas."

Todavía puedo ver la expresión de su rostro. Me tomó dos viajes hasta mi auto, pero a las 11:00 pm estaba de vuelta en casa con todas mis cosas.

¡Caso cerrado!

A Good Outcome

It turned out that the boy and driver of the red car were known to have done several similar burglaries in other rural areas. They apparently watched properties to see when residents were gone. I was contacted to show up once again at the Ministerio Publico building to meet the boy, still in custody, and asked if I wanted to press charges against him.

I met the kind, worried face of a seventeen-year-old boy. I just wanted to hug him. So, I talked with him. He was very shy but softly answered a few questions. I asked him if he went to school. "No."

I asked him if he wanted to go to school and what he'd like to learn. He told me his uncle was an electrician and he'd like to do that.

The woman who was holding this meeting also seemed to care. If they charged him, he'd go to jail. How could that positively help him? She told us about the trade school system in San Miguel de Allende that cost very little and had scholarships for young people like him.

She said she would arrange that, monitor his attendance and progress, and keep me updated. After that conversation, our boy's head and shoulders were raised, with a relieved look on his face.

He did attend his classes and he graduated as a certified electrician.

Another case closed.

Un Buen Resultado

Resultó ser que el muchacho y el conductor del auto rojo habían cometido varios asaltos similares en otras zonas rurales. Al parecer, vigilaban las propiedades para ver cuándo las casas estuvieran solas. Me contactaron para presentarme una vez más en el edificio del Ministerio Público para encontrarme con el muchacho, todavía bajo custodia, y me preguntaron si quería presentar cargos contra él.

Me encontré con el rostro amable y preocupado de un chico de diecisiete años. Sólo quería abrazarlo. Entonces hablé con él. Era muy tímido, pero respondió suavemente algunas preguntas. Le pregunté si iba a la escuela. El contesto "No."

Le pregunté si quería ir a la escuela y qué le gustaría aprender. Me dijo que su tío era electricista y que le gustaría dedicarse a eso.

A la mujer que estaba mediando esta reunión también pareció importarle. Si lo acusaban, iría a la cárcel. ¿Cómo podría eso ayudarlo positivamente? Ella nos habló del sistema de escuelas de oficios en San Miguel de Allende que costaba muy poco y tenían becas para jóvenes como él.

Ella dijo que se encargaría de eso, supervisaría su asistencia y progreso y me mantendría informada. Después de esa conversación, la cabeza y los hombros del chico se alzaron, con una expresión de alivio en su rostro.

Asistió a sus clases y se graduó como electricista certificado.

Otro caso cerrado.

Forbidden Land

The landscape of the village of San Miguel Viejo reflected the general poverty of the residents.

Most of the homes could only be called shelters, cobbled together with a variety of materials, including tall Organo cactuses. There were no grassy areas, no playground, and no patios. The roads were all dusty dirt when there was no rain, and deep mud after a rain.

I could take a turn and find myself driving on a path with cows on one side, a pig pen on the other, wandering chickens, and a few barking dogs, attempting to be menacing. Eventually, the path would end at one of the actual roads. My house was on the "main" road into the community. It was the only straight one, for about 50 meters, off the cobblestone road from town. I had a fence with a gate, a patio, and a small porch which allowed me to see the land across the road.

That was another world. There were no buildings, only a huge green meadow bordered by a forest of tall trees. Several families had herds of sheep and goats which were allowed to come out of hiding and graze in the meadow. There were also many beautiful horses and a few burros. The world from my porch was always like an ever-changing enchanting dream. But no children...except for a few kids who took turns shepherding the animals, there were never any children out playing in this beautiful landscape.

I thought, "So near, and yet so far."

La Tierra Prohibida

El paisaje del pueblo de San Miguel Viejo reflejaba la pobreza general de los residentes.

La mayoría de las casas solamente podían llamarse refugios y estaban construidas con diversos materiales, entre ellos cactus órgano altos. No había áreas de césped, ni juegos infantiles ni patios. Los caminos estaban polvorientos cuando no llovía y llenos de profundo barro después de una lluvia.

Yo podía tomar una curva y encontrarme conduciendo por un camino con vacas a un lado y una pocilga al otro con gallinas errantes y algunos perros que ladraban intentando ser amenazadores. Al final el camino terminaba en una de las pocas carreteras existentes. Mi casa estaba en la carretera principal hacia la comunidad, a unos 50 metros, saliendo del camino empedrado del pueblo. Tenía una cerca con un portón, un patio y un pequeño porche que me permitía ver el terreno al otro lado de la carretera.

Ese era otro mundo. No había edificios, únicamente un enorme prado verde rodeado por un bosque de árboles altos. Varias familias tenían rebaños de ovejas y cabras a los que se les permitía salir de sus corrales y pastar en la pradera. También había muchos caballos hermosos y algunos burros. El mundo desde mi porche era siempre como un sueño encantador en constante cambio. Pero no había niños... excepto algunos que se turnaban pastoreando a los animales, nunca hubo niños jugando en este hermoso paisaje.

Pensé: "Tan cerca y tan lejos."

I was living on one side of the straight line that divided one rich man who had everything from about 200 struggling families with no complete houses. They were in view of each other and abided by the ancient, eternal law that keeps us in our place.

The whole property extended from that meadow about one-half mile to the train tracks at the outside edge of the city of San Miguel de Allende. It was owned by one man who planted hundreds of trees, park-like grassy areas, and countless agave cactuses. In the center of his property, unseen from any public way, was a huge mansion-like house and an impressive sculpture park, with commissioned works by well-known artists in metal, stone, and mixed media. Nearby there was a one-story building that housed a well-supplied workshop for the artists and a lovely apartment for them to live in while they completed their work.

I found out that the oldest son of one of the village families was the manager of the estate. I'd met his parents and they were kind people. I met with their son and asked if we could visit the land near the road. I'd seen several huge eucalyptus trees sheltering soft grass and bushes; a perfect place for my children to experience. So near, and yet so far.

The manager asked the owner, and we made a date for a week later. About fifty kids gathered outside my gate. I told them we were going on an adventure, and they should just follow me. They were curious until we got near the top of our road and turned right onto that forbidden land. They almost froze en masse, bumping into each other. The manager smiled and waved us in.

Yo vivía en un lado de la línea recta que dividía a un hombre rico que tenía de todo y 200 familias en dificultades sin casas completas. Estaban a la vista el uno del otro y sin embargo respetaban la antigua ley eterna que nos mantiene en nuestro lugar.

La propiedad se extendía desde ese prado (aproximadamente un kilómetro) hasta las vías del tren que estaban en la orilla de la ciudad de San Miguel de Allende. Era la propiedad de un hombre que plantó cientos de árboles como si fuera un parque, áreas verdes e innumerables cactus de agave. En el centro de su propiedad, invisible desde cualquier vía pública, estaba una enorme casa tipo mansión y un impresionante parque de esculturas, con obras encargadas a conocidos artistas en metal, piedra y técnicas mixtas. Cerca había un edificio de una sola planta que albergaba un taller bien equipado para los artistas y un bonito apartamento para que vivieran mientras terminaban sus obras.

Descubrí que el hijo mayor de una de las familias del pueblo era el administrador de la finca, yo conocía a sus padres y eran personas amables. Me reuní con su hijo y le pregunté si podíamos visitar el terreno cerca de la carretera. Había visto varios eucaliptos enormes y arbustos que protegían la pradera; un lugar perfecto para que mis niños disfrutaran la experiencia. Tan cerca y tan lejos.

El administrador de la finca pidió permiso al dueño y concertamos una cita para una semana después. Unos cincuenta niños se reunieron afuera de mi puerta. Les dije que íbamos a una aventura y que deberían seguirme. Tenían curiosidad hasta que llegamos casi al final de nuestro camino y giramos a la derecha hacia la tierra prohibida. Casi se congelaron y chocaron unos con otros. El administrador sonrió y nos hizo señas para que entráramos.

Awestruck is the only word that applies here. For a few minutes, the children were quiet, almost reverent. Some craned their necks to look up into the eucalyptus trees with their swirling pastel trunks. They patted the trees lovingly. Others threw themselves onto the grass and rolled around like puppies. These were fifty Indigenous children from a rural village in the middle of Mexico, who had never rolled in grass, recognized a tree as a beautiful, living being, and had never seen the natural world just a few feet away from where they lived. Imagine!

The manager gathered the kids and told them some things about where they were and about the plants and varieties of trees. Then he led them to a more open space where there were two neat rows of tiny trees in plastic sleeves, with a small spade by each one. The owner had figured out some free labor for planting fifty more trees! The manager waved to a large area and told the children they could begin planting, keeping a certain distance between the trees. The children had clearly never had such a joyful activity. Hands in the dirt, digging, placing, patting, giggling.

I only hoped the day would come when they and their trees would grow up and meet again.

Asombrados es la única palabra que se aplica aquí. Durante unos minutos, los niños permanecieron en silencio, casi reverentes. Algunos estiraron el cuello para ver los eucaliptos con sus arremolinados troncos de colores pastel. Ellos acariciaron los árboles con cariño. Otros se arrojaron al césped y revolcaron como cachorros. Estos fueron cincuenta niños indígenas de un pueblo rural en el centro de México, que nunca se habían jugado en el pasto, reconocido un árbol como un ser vivo y hermoso, y nunca habían visto el mundo natural a solo unos metros de distancia desde donde vivían. ¡Imagínate!

El administrador reunió a los niños y les contó algunas cosas sobre la propiedad, sobre las plantas y las variedades de árboles. Luego los condujo a un espacio más abierto donde había dos hileras ordenadas de árboles diminutos en bolsas de plástico, con una pala pequeña junto a cada una. El propietario había conseguido mano de obra gratuita para plantar cincuenta árboles más. El administrador señaló un área grande y les dijo a los niños que podían comenzar a plantar, manteniendo cierta distancia entre los árboles. Es evidente que los niños nunca habían tenido una actividad tan alegre. Manos en la tierra, cavar, colocar, acariciar, reír.

Yo únicamente esperaba que llegara el día en que ellos y sus árboles crecieran y se encontraran nuevamente.

TORTILLAS WITH LOVE
TORTILLAS CON AMOR

24

Tortillas With Love

It was October and a frosty cold night in San Miguel Viejo, very early in the fall for these temperatures. I was wearing many layers in my house and adding blankets to my bed. I couldn't imagine how my neighbors must be faring, with incomplete shelters, large families, and most likely, not enough blankets.

Since I had internet and knew lots of people, I began to put out the word. I asked several popular breakfast places in town if they would take blankets or donations for blankets. I made flyers with the information and put them in lots of places.

We also had a local general information site called the Civil List and I put my notice on that. The response was generous and immediate. I found a place that sold blankets and gave me a discount for buying a lot of them. I loaded my car with donated blankets every time I went to town.

A man in Arkansas happened to see the Civil List notice, and emailed me to say he was driving to San Miguel for a visit and would fill his car with blankets! When I met him the day he arrived, his old, spacious Cadillac was stuffed with blankets in every available space.

When I returned to the village the first time, a few kids saw my treasures and within minutes, folks were swarming around, holding up fingers for how many blankets they needed. The blankets were gone in minutes. This was repeated every time I came down the road from town. Finally, the crowds thinned out and I had extra blankets which I took to another village.

The mother from a neighboring family, Lorena Nolasco, told me she could use two more blankets. This family consisted of two parents and six children and had no permanent shelter. They lived on a tiny piece of land that had belonged to their ancestral family since the revolution. They had set up a small square space surrounded by bamboo for walls and pieces of plastic for a roof.

Tortillas Con Amor

Era una noche helada de octubre en San Miguel Viejo, muy temprano en otoño para estas temperaturas. Yo usaba muchas capas de ropa en mi casa y agregué mantas a mi cama. No podía imaginar cómo les estaría yendo a mis vecinos, con refugios incompletos, familias numerosas y, muy probablemente, sin suficientes mantas.

Como tenía internet y conocía mucha gente, comencé a correr la voz. Pregunté a varios restaurantes populares para desayunar en la ciudad si aceptarían mantas o donaciones para comprarlas. Hice volantes con la información y los pegué en muchos lugares.

También escribí una publicación en un grupo de Facebook local llamado" The Civil list" y puse mi aviso al respecto. La respuesta fue generosa e inmediata. Encontré un lugar que vendía mantas y me hicieron un descuento por comprar muchas. Yo cargaba mi auto con mantas donadas cada vez que iba a la ciudad.

Un hombre en Arkansas vio la publicación en" The Civil list" y me envió un correo electrónico para decirme que iba a visitar San Miguel y que llenaría su auto con mantas para donar. Cuando lo conocí el día que llegó, su viejo y espacioso Cadillac estaba lleno de mantas en cada espacio disponible.

Cuando regresé a la aldea por primera vez, algunos niños vieron mis tesoros y, en cuestión de minutos, la gente se arremolinaba alrededor, levantando los dedos para indicar cuántas mantas necesitaban. Las mantas desaparecieron en minutos. Esto se repetía cada vez que bajaba por la carretera desde la ciudad. Finalmente, la multitud disminuyó y tuve mantas extra que llevé a otro pueblo.

La madre de una familia vecina, Lorena Nolasco, me dijo que le vendrían bien dos mantas más. Esta familia estaba formada por dos padres y seis hijos y no tenía alojamiento permanente. Vivían en un pequeño pedazo de tierra que había pertenecido a su familia desde la revolución. Habían creado un pequeño espacio cuadrado rodeado de bambú a modo de paredes y trozos de plástico a modo de techo.

The father worked as a night watchman on a nearby residential building site. All the children, five girls and one boy, were among the first to come to my house for art and music. The five girls went to the local primary school and little Adan was in the local kinder. How they managed the physical logistics of their lives, I couldn't imagine.

I had gotten the extra blankets for them and was going to deliver them that evening. There was no light on the road and only a sliver from my porch light. Suddenly I tripped and crashed my knee onto a big rock at the edge of my garden. For a few minutes, I couldn't move, overcome by the sharp throbbing pain and rapid swelling.

There were no people or houses nearby. When the fog in my head lifted, I rolled over onto the blankets in the dirt and began to scoot my body toward my house. The blood was sticking to my jeans. With my good leg, I managed to push myself up the two steps and into the house. I let out a little cheer when I saw my cell phone within reach.

I called my neighbor, Juana, who was probably the only other person in the entire community with a cell phone. She knew how to drive and insisted on taking me in my car to the general hospital for an x-ray.

Nothing was broken, but there was so much swelling that they had to cut the leg of my jeans. On the way home, the frigid night air was better than ice packs. At my house, Juana helped me settle in my bedroom and I asked her if she would please take the extra blankets to Lorena's family.

The next morning, I was sitting in my small office in the back of the house, with my leg propped up and beginning to return to its normal size. During the day, my front gate was always open and this day, my front door was ajar. A strange noise got my attention, so I got up and hobbled into the living room.

El padre trabajaba como vigilante nocturno en una obra residencial cercana. Todos los niños, cinco niñas y un niño, estuvieron entre los primeros en venir a mi casa en busca de arte y música. Las cinco niñas iban a la escuela primaria y el pequeño Adán estaba en la guardería local. No podía imaginar cómo manejaban la logística de sus vidas.

Yo les había comprado mantas adicionales y las iba a entregar esa noche. No había luz en el camino y sólo una pizca de la luz de mi porche. De repente tropecé y me golpeé la rodilla contra una gran roca al borde de mi jardín. Durante unos minutos, no pude moverme, abrumada por el punzante dolor y la rápida hinchazón.

Cuando la niebla en mi cabeza se disipó, rodé sobre las mantas en el suelo y comencé a deslizar mi cuerpo hacia mi casa. La sangre se pegaba a mis pantalones de mezclilla. Con mi pierna buena logré subir los dos escalones y entrar en la casa. Me alegré cuando vi mi celular al alcance. Llamé a mi vecina, Juana, quien probablemente era la única persona en toda la comunidad que tenía un teléfono celular. Ella sabía conducir e insistió en llevarme en mi auto al hospital general para hacerme una radiografía.

No se rompió nada, pero había tanta hinchazón que tuvieron que cortar mis pantalones de mezclilla. De camino a casa, el aire gélido de la noche era mejor que las bolsas de hielo. En mi casa, Juana me ayudó a instalarme en mi dormitorio y le pedí que por favor llevara las mantas extra a la familia de Lorena.

A la mañana siguiente, estaba sentada en mi pequeña oficina en la parte trasera de la casa, con la pierna levantada que empezaba a volver a su tamaño normal. Durante el día, mi puerta de entrada siempre estaba abierta y este día, mi puerta de entrada estaba entreabierta. Un ruido extraño llamó mi atención, así que me levanté y cojeé hasta la sala de estar.

Lorena was standing there holding a plate covered with a towel. I could smell the fresh tortillas and see the steam still rising.

Lorena reached toward me with the plate and softly said in Spanish, "Juana told me you were hurt."

I felt as though I was meeting an angel in the person of my neighbor who was dressed in layers of old sweaters and threadbare shawls and had no adequate shelter for her family. She had ground the corn with stiff, frozen hands before dawn, shaped the tortillas, and cooked them over an open fire on the ground. She came sharing the best she had with me, her smile lit up the room and her tiny stature glowed with pride.

I will always remember that moment when tortillas made with love turned a cold world warm.

Lorena estaba parada allí sosteniendo un plato cubierto con una toalla. Podía oler las tortillas frescas y ver el vapor aun subiendo.

Lorena se acercó a mí con el plato y dijo suavemente en español: "Juana me dijo que estabas herida."

Sentí como si me encontrara con un ángel en la persona de mi vecina que estaba vestida con capas de suéteres viejos y chales raídos y no tenía un refugio adecuado para su familia. Antes del amanecer, molió el maíz con las manos rígidas y heladas, les dio forma a las tortillas y las cocinó sobre fuego abierto en el suelo. Ella vino a compartir conmigo todo lo que tenía, su sonrisa iluminó la habitación y su pequeña figura brillaba de orgullo.

Siempre recordaré ese momento en que las tortillas hechas con amor calentaron un mundo frío.

A Fiesta

The people of Mexico love to celebrate and will make a fine *fiesta* (party) out of every event in their lives. With large families, this results in lots of fiestas, with everyone welcome.

The majority of people in Mexico live in layers of poverty under the middle class. Their unflagging ability to produce events that provide an abundance of joy and good food is undoubtedly a deeply held cultural marker. During my years in San Miguel de Allende, I lived in different kinds of neighborhoods, and I only observed happy people.

Now I lived in San Miguel Viejo, where few people had a whole house; many had menial jobs or no jobs; they struggled to provide basic necessities. If three or four people in a family could hold a minimum-wage job, the family survived. This meant that young teens didn't go to school in favor of bringing home some income.

But, when there's an opportunity to celebrate, they do it in grand style. Now many families knew who I was and that their kids had great times at my house. I soon got included in their fiestas. The first time it happened, two of the little girls who had been coming to my house for art stood outside my gate and called to me. When I opened the gate, they each took one of my hands and told me we were going to a party! I laughed and made the momentito sign with two fingers. I ran into the house to get my keys and camera—I never went anywhere without my camera.

The party was nearby and was where most of the kids came from. There was a narrow dirt passageway, hardly visible from the road, which meandered and turned corners along which were kinds of entrances into the various dwellings. None of them had a real door. There would be a curtain; another had a bamboo pallet tied with thin rope; another had some plastic sheets and an old blanket or fabric. As I was led through this warren, I saw the familiar faces of some of the children peeking out.

Una Fiesta

A la gente de México le encanta celebrar y cada evento de sus vidas es una excusa para organizar una fiesta. En el caso de familias numerosas, esto da lugar a muchas fiestas en las que todos son bienvenidos.

La mayoría de la gente en México vive en diferentes grados de pobreza muy por debajo de la clase media. Su incansable capacidad para producir eventos que brinden abundante alegría y buena comida es sin duda una costumbre profundamente arraigada. Durante mis años en San Miguel de Allende he vivido en diferentes tipos de barrios y solo he observado gente feliz.

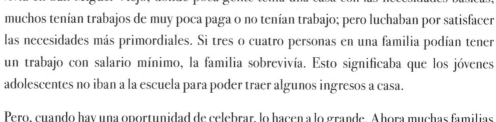

En ese momento yo vivía en San Miguel Viejo, donde poca gente tenía una casa con las necesidades básicas; muchos tenían trabajos de muy poca paga o no tenían trabajo; pero luchaban por satisfacer las necesidades más primordiales. Si tres o cuatro personas en una familia podían tener un trabajo con salario mínimo, la familia sobrevivía. Esto significaba que los jóvenes adolescentes no iban a la escuela para poder traer algunos ingresos a casa.

Pero, cuando hay una oportunidad de celebrar, lo hacen a lo grande. Ahora muchas familias sabían quién era yo, y sus hijos se lo pasaban genial en mi casa. Pronto me incluyeron en sus fiestas. La primera vez que sucedió, dos de las niñas que habían venido a mi casa en busca de clases de arte se pararon afuera de mi puerta y me llamaron. Cuando abrí la puerta, ¡cada una tomó una de mis manos y me dijeron que íbamos a una fiesta! Me reí e hice la señal del momentito con dos dedos. Corrí a la casa a buscar mis llaves y mi cámara; nunca iba a ningún lado sin mi cámara.

La fiesta estaba cerca y era de dónde venían la mayoría de los niños. Había un estrecho pasillo de tierra, apenas visible desde la carretera, que serpenteaba y giraba en esquinas a lo largo de las cuales se encontraban una especie de entradas a las distintas viviendas. Ninguna de ellos tenía una puerta de verdad. Habría una cortina; otra tenía unos pedazos de bambú atados con una cuerda fina; otra tenía unas láminas y una manta o tela vieja. Mientras me conducían a través de este laberinto, vi los rostros familiares de algunos de los niños asomándose.

When we got to the right doorway, we entered another world of color, delicious smells, and joyful sounds. This

was a fiesta! There were balloons, crepe paper streamers, tables in various configurations, and some chairs.

Two women were crouching on the dirt floor stirring huge pots over an open fire and pressing tortillas into shape for the *comal* (a large round, flat metal pan).

These tortillas came to the tables in tall stacks—and were in bright pink, purple, and green! I must have shown my shock. The women got serious looks on their faces and told me that these tortillas were a big secret from their ancestors and happened only for those who knew the secret. I must have looked really puzzled, trying to believe this wild story, when they all burst out laughing and explained that they made colored tortillas for a party, using food coloring. It was wonderful to laugh out loud together, knowing I was no longer the stranger in their midst.

Then came the cake—a huge, magnificent cake. Fancy cakes were not new to me. They were always present at any celebration, but the presence of this cake in this place caused my eyes to pop and I had to take a photo.

I began taking photos of what my eyes liked when I got my first Brownie camera at age eight. I never took classes—well, I enrolled once at the junior college, but left after two sessions. As an adult that was my usual response to formal education. I preferred the explore, discover, try-out method.

Cuando llegamos a la puerta correcta, entramos en otro mundo de color, olores deliciosos y sonidos alegres. ¡Era una gran fiesta! Había globos, serpentinas de papel crepé, mesas en varias configuraciones y algunas sillas.

Dos mujeres estaban agachadas en el suelo de tierra revolviendo enormes ollas sobre un fuego abierto y amasando tortillas para ponerlas al comal.

Estas tortillas llegaban a las mesas en pilas altas, ¡y eran de colores rosa brillante, morado y verde! Debo haber mostrado mi sorpresa. Las mujeres se pusieron serias y me dijeron que estas tortillas eran un gran secreto de sus antepasados y que solo ocurrían entre aquellos que conocían el secreto. Debí parecer realmente desconcertada, tratando de creer está loca historia, cuando todos se echaron a reír y explicaron que hacían tortillas de colores para una fiesta, usando colorantes alimentarios. Fue maravilloso reírnos a carcajadas juntos, sabiendo que ya no era extraña entre ellos.

Luego vino el pastel: un pastel enorme y magnífico. Los pasteles elegantes no eran nuevos para mí. Siempre estaban presentes en cualquier celebración, pero la presencia de este pastel en este lugar hizo que se me salieran los ojos y tuve que tomar una foto.

Comencé a tomar fotografías de todo lo que me gustaba cuando obtuve mi primera cámara Brownie a los ocho años. Nunca tomé clases; bueno, me matriculé una vez en la universidad, pero la dejé después de dos sesiones. Como adulto, esa fue mi respuesta habitual a la educación formal. Preferí el método de explorar, descubrir y probar.

When my children were small, I used only black and white film and built a darkroom in our house in a rural area north of San Francisco. I carried a camera with me always—going from the heavy, big stuff to smaller and smaller cameras with color film, and finally to the marvelous digital point-and-shoot cameras. My photos of people

and landscapes became quite popular as greeting cards and enlargements, and I was able to make part of my living with them.

So, the cake was an obvious reason for me to reveal my camera and take a photo. Then came a chorus of *"a ver—a ver—a ver* (let's see, let's see, let's see)!" They crowded around to see the cake on the camera, then they began to pose! It was the easiest photo-taking I'd ever done. Each child wanted a picture with every other child, in pairs, in threes, and in groups. After each click came the same chorus of "a ver," endlessly repeated, followed by endless giggles as they saw themselves in pictures.

Meanwhile, adults were cutting the cake and serving the pieces on paper napkins. I got a Styrofoam plate with a spoon! Cake is almost always served with little plastic cups of jello in many colors, with a spoon. A delicious time was had by all.

Back home reviewing my many photos, I decided to print the best ones of the most people and make a little album

Cuando mis hijos eran pequeños, solo usaba película en blanco y negro y construí un cuarto oscuro en nuestra casa en una zona rural al norte de San Francisco. Siempre llevaba una cámara conmigo, pasando de las cosas grandes y pesadas a cámaras cada vez más pequeñas con película en color y, finalmente, a las maravillosas cámaras digitales. Mis fotografías de personas y paisajes se hicieron muy populares como tarjetas de felicitación y ampliaciones, y pude ganarme la vida con ellas.

Entonces, el pastel fue una razón obvia para tomar mi cámara y sacar una foto. Luego vino un coro de "¡a ver—a ver—a ver!" Se amontonaron para ver el pastel en la cámara y luego comenzaron a posar. Fue la toma de fotografías más fácil que jamás había hecho. Cada niño quería una foto con los demás niños, en parejas, de a tres y en grupos. Después de cada clic venía el mismo coro de "a ver," repetido sin cesar, seguido de interminables risitas al verse en mi cámara.

Mientras tanto, los adultos cortaban el pastel y servían los trozos en servilletas de papel. ¡A mí me dieron un plato desechable con una cuchara! El pastel casi siempre se sirve con vasitos de plástico de gelatina de muchos colores, con una cuchara. Todos pasamos un rato delicioso.

De regreso a casa revisando mis muchas fotos, decidí imprimir las mejores y hacer un pequeño álbum para la

for the family. Over the years of sharing photos in Mexico, I started buying large numbers of $1.00 albums at the Dollar Store when I visited the States. They were perfect and not expensive looking.

I have always been a rather plain person, usually wearing casual secondhand clothes, and I felt that this was the best way for everybody to feel comfortable. Even so, it was difficult.

My shoes were worn, but there was another pair in my closet—I had a closet.

I had a whole house with a roof, and finished doors and windows and floors.

I had a warm, dry bed for only one person.

I had a kitchen, a word for a space unknown to my neighbors.

My privilege was always visible.

familia. A lo largo de los años de tomar fotos en México, comencé a comprar grandes cantidades de álbumes en las tiendas de un dólar cuando visitaba los Estados Unidos. Eran perfectos y no tenían un aspecto caro.

Siempre he sido una persona bastante sencilla, normalmente vestía ropa informal de segunda mano, y sentí que ésta era la mejor manera de que todos se sintieran cómodos. Aun así, fue difícil.

Mis zapatos estaban usados, pero había otro par en mi armario; tenía un armario.

Tenía una casa entera con techo, y puertas, ventanas y pisos terminados.

Tenía una cama cálida y seca para una sola persona.

Tenía una cocina, una palabra desconocida para mis vecinos.

Mi privilegio siempre fue visible

Help Comes

As more children came to my house to enjoy whatever I offered, I got another big table and stools, and I set up a shelf in another sheltered patio behind my living area where we kept the supplies.

A pattern had begun to emerge. The children were coming to my house on Wednesday afternoons. The tables in the front patio weren't enough. A nearby friend had come to make origami boxes with some of the children. They were in my house around my dining table. Others used the piano bench and a few around the coffee table. My house was mostly one large room, except for a small bedroom and office.

Word had spread in town about 20 to 25 children doing art and singing on Wednesday afternoons in this village somewhere out in the *campo* (countryside). I prevailed on a few friends to come and help. The promise of a ride from town and lunch at 1:00 pm was the payoff!

When the kids showed up at 2:00, there was again curiosity and timidity. But the visitors soon enchanted the children and did things to make them giggle. The ice was broken.

When new materials appeared, they were treasures that prompted a flurry of activity. Hands flew to pick something up; I could see their thoughts swirling like bubbles around them, as their eyes shined with a promise, an idea. We stood back and marveled. They didn't need direction, they didn't push or grab. They helped each other by handing over something another was reaching for. They didn't look at

La Ayuda Viene

A medida que más niños venían a mi casa para disfrutar de lo que les ofrecía, conseguí otra mesa grande, taburetes e instalé un estante en el patio techado detrás de mi sala de estar donde guardábamos los suministros.

Un patrón había comenzado a surgir. Los niños venían a mi casa los miércoles por la tarde. Las mesas en el patio delantero no eran suficientes. Un amigo cercano venia a hacer cajas de origami con algunos de los niños. Ellos se sentaban alrededor de mi mesa de comedor. Otros utilizaban el banco del piano y algunos otros se sentaban alrededor de la mesita de café. Mi casa era principalmente una habitación grande, a excepción de un pequeño dormitorio y una oficina.

En el pueblo se había corrido la voz de que había entre 20 y 25 niños aprendiendo arte y cantando los miércoles

por la tarde en el campo. Convencí a algunos amigos para que vinieran a ayudarme. La promesa de un paseo y un almuerzo a las 1:00 pm fue la recompensa.

Cuando los niños llegaron a las 2:00 pm, nuevamente había curiosidad y timidez. Pero los visitantes pronto se ganaron la confianza de los niños e hicieron cosas para hacerlos reír. El hielo se rompió.

Cuando nuevos materiales aparecían se convertían en tesoros que provocaban una oleada de actividad. Sus manos volaban para recoger algo; yo podía ver sus pensamientos girando como burbujas a su alrededor, mientras sus ojos brillaban llenos de ideas. Los adultos nos quedamos atrás y nos maravillamos. No necesitaban dirección, no empujaban ni agarraban. Se ayudaban mutuamente entregándose algo que otro estaba buscando. No miraban lo que

what another was doing. Each child was exploring, discovering, thinking—being in his/her own space to create.

I witnessed a learning process that caused me to remember the words of Albert Einstein: "Imagination is more important than knowledge. For knowledge is limited to all we know and understand, while imagination embraces the entire world, and all there ever will be to know and understand."

Einstein also said, "I never teach my pupils. I only attempt to provide the conditions in which they can learn." My patio in this little-known village in the highlands of Mexico had become "a place to learn."

After the hour spent with art materials, I set my keyboard up on my tiny front porch. All the children gathered, interspersed with their new friends and we sang—and sang and sang.

These were glorious moments experiencing yet another way to bring two worlds together.

hacía otro. Cada niño estaba explorando, descubriendo, pensando, disfrutando su propio espacio para crear.

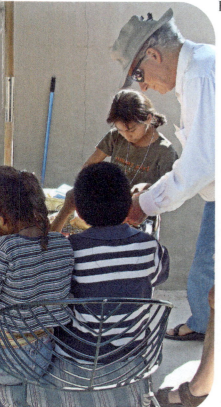

Fui testigo de un proceso de aprendizaje que me hizo recordar las palabras de Albert Einstein: "La imaginación es más importante que el conocimiento. Porque el conocimiento se limita a todo lo que sabemos y entendemos, mientras que la imaginación abarca el mundo entero y todo lo que alguna vez habrá que conocer y comprender."

Einstein también dijo: "Nunca enseño a mis alumnos. Sólo intento proporcionar las condiciones en las que puedan aprender." Mi patio en este pueblo poco conocido de las tierras altas de México se había convertido en "un lugar para aprender."

Después de pasar una hora con materiales de arte, instalé mi teclado en mi pequeño porche delantero. Todos los niños se reunieron, se unieron con sus nuevos amigos y cantamos, y cantamos y cantamos.

Fueron momentos gloriosos y experimenté otra forma de unir dos mundos

THIS IS CALLED ART?
¿ESTO SE LLAMA ARTE?

27

This is Called Art?

There was a woman who lived in a Mexican neighborhood in town and had opened her house to the local children for art classes. She was a person with lots of talent and ideas for helping others express themselves. In addition to painting and drawing, she gave the kids many other materials to use to make art.

She announced an "art show" to happen one Sunday afternoon. I had lived in my community for only a few months but thought it would be a good idea to take some of my new friends to this event. Six children got permission from their parents, among them, Pablo and Martin.

We found the place, but as the kids got out of the car, they suddenly became really shy and held on to each other.

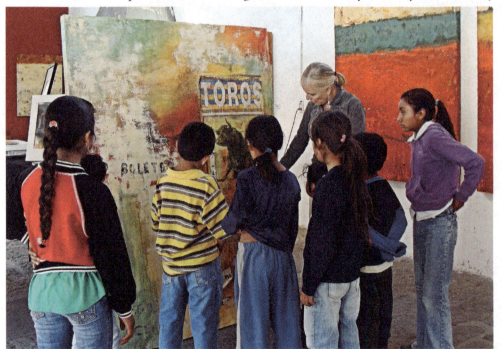

I was puzzled because all the people seemed to be just like them. Mothers had tables full of traditional food, and the young artists were all there, proudly showing off their work. It was a big show and beautifully displayed inside and outside the woman's house. Everyone welcomed us but my kids hung together for dear life as they moved around looking at everything. Outside the mothers offered them food and drinks, and some people who'd organized a circle dance invited them to join in. My kids just melted together, refused all offers, and murmured, "Can we go now?"

¿Esto se Llama Arte?

Había una mujer que vivía en un barrio de la ciudad y había abierto su casa a los niños locales para recibir clases de arte. Era una persona con mucho talento y llena de ideas para ayudar a otros a expresarse. Además de pintar y dibujar, les dio a los niños otros materiales para que los usaran para crear.

Ella anunció una "muestra de arte" que se llevaría a cabo un domingo por la tarde. Había vivido en mi comunidad sólo durante unos meses, pero pensé que sería una buena idea llevar a algunos de mis nuevos amigos a este evento. Seis niños obtuvieron el permiso de sus padres, entre ellos Pablo y Martín.

Encontramos el lugar, pero cuando los niños salieron del auto, de repente se sintieron muy tímidos y se abrazaron. Me quedé desconcertado porque todas las personas parecían ser iguales a ellos. Las madres tenían mesas llenas de comida tradicional y los jóvenes artistas estaban allí, mostrando con orgullo su trabajo. Fue un gran espectáculo y se exhibió maravillosamente dentro y fuera de la casa de la mujer. Todos nos dieron la bienvenida, pero mis niños se mantuvieron bien unidos mientras caminaban y admiraban todo a su alrededor. Afuera, las madres les ofrecieron comida y bebida, y algunas personas que habían organizado un baile los invitaron a unirse. Mis niños simplemente se cerraron, rechazaron todas las ofertas y murmuraron: "¿Podemos irnos ahora?"

This was the first of my experiences that illustrated their feelings of not belonging outside their village, of not knowing how to relate to strangers. I sat home that evening, telling myself that they did see the art, they did see the other kids who'd produced it—hoping they experienced something that would inspire them.

The next evening, Monday, it was almost dark out, but my bell rang. It was Pablo and Martin. I thought they wanted to walk the dog, so I said that it was too late.

"No," said Pablo, "We have something to show you."

I turned on the lights and invited them inside. Pablo was carrying a large plastic bag, which he put on the coffee table. He slid the bag away from the contents, which was a huge pile of drawings on many sizes and types of paper, all done with pencil.

I was stunned at just glimpsing a few of the drawings peeking out from the pile. *"Que? Quien?* (What? Who?)," I stuttered.

Pablo looked at Martin who said, "I do this when I'm bored. I didn't know other people did it. I didn't know it was called art."

That night I knew more about who these people were and what I was doing here.

Esta fue la primera de mis experiencias que me mostro lo difícil que era para ellos sentir que no pertenecían a ningún otro lugar que no fuera su aldea, el no saber cómo relacionarse con extraños. Esa noche me quedé sentada en casa, diciéndome a mí misma que habían visto el arte, que habían visto a los otros niños que lo habían creado y me quede con la esperanza de que fuera algo que los inspirara.

La noche siguiente, lunes, ya era casi de noche, pero sonó el timbre. Eran Pablo y Martín. Pensé que querían sacar a pasear al perro, así que les dije que ya era demasiado tarde.

"No," dijo Pablo, "tenemos algo que mostrarte."

Encendí las luces y los invité a entrar. Pablo llevaba una gran bolsa de plástico que puso sobre la mesita de café. Deslizó la bolsa y sacó el contenido, era una enorme pila de dibujos en muchos tamaños y tipos de papel, todos hechos con lápiz.

Me quedé atónita al vislumbrar algunos de los dibujos que asomaban entre la pila. "¿Qué? ¿Quién?" tartamudeé.

Pablo miró a Martín, quien dijo: "Hago esto cuando estoy aburrido. No sabía que otras personas lo hacían. No sabía que se llamaba arte."

Esa noche supe más sobre quiénes eran esos pequeños y qué estaba haciendo aquí

Behind the Eyes of the Other

One day a man named Michael came to check us out. He was a tile muralist and had done several beautiful murals in public spaces around town. My property was surrounded by lots of cement walls of various sizes. Michael offered to come back with materials for a mural if he could choose a wall.

The next week he arrived with two huge bags of broken tiles and a new box of chalk. Some of the older boys were curious and interested as Michael explained the project. He showed them some photos of tile murals, then handed out chalk and told the boys to draw their ideas on the wall. They did this for several sessions while Michael talked with them about design, colors, and composition—taking singular ideas and combining them with other images to create a whole balanced work of art.

Finally, Michael showed up with two or three hammers and dumped a bag of old tiles on the ground. These boys were given permission to smash things with hammers—and what a great time they had!

Excitement was in the air. Five boys had clearly committed themselves to this mural and we all saw how they discussed their plans and cooperated in achieving them. A boy would use a cloth to erase something, then redo it at another angle, or in another size, or in another spot. Their collective energy was awe-inspiring. Other kids brought their projects closer and enjoyed watching what was becoming an enormous beautiful work of art by their friends.

Detrás de los Ojos del Otro

Un día, un hombre llamado Michael vino a vernos. Era muralista de azulejos y había realizado varios hermosos murales en espacios públicos de la ciudad. Mi propiedad estaba rodeada por muchos muros de cemento de varios tamaños. Michael se ofreció a regresar con materiales para un mural y me pidió elegir una pared.

La semana siguiente llegó con dos bolsas enormes de tejas rotas y una caja nueva de tizas. Algunos de los niños mayores sintieron curiosidad e interés cuando Michael explicó el proyecto. Les mostró algunas fotografías de murales de azulejos, luego les repartió tiza y les pidió que dibujaran sus ideas en la pared. Hicieron esto durante varias sesiones mientras Michael hablaba con ellos sobre diseño, colores y composición, tomando ideas singulares y combinándolas con otras imágenes para crear una obra de arte completamente equilibrada.

Finalmente, Michael apareció con dos o tres martillos y arrojó una bolsa de tejas viejas al suelo. A los niños se les dio permiso de romper cosas con martillos, ¡y qué bien se lo pasaron!

La emoción estaba en el aire. Cinco niños se habían comprometido claramente con este mural y todos vimos cómo discutían sus planes y cooperaban para lograrlos. Un niño usaba un paño para borrar algo y luego lo rehacía en otro ángulo, en otro tamaño o en otro lugar. Su energía colectiva fue impresionante. Otros niños se acercaron al proyecto y disfrutaron viendo lo que se estaba convirtiendo en una enorme y hermosa obra de arte hecha por sus amigos.

Michael was perfect as a bystander, observer, and guide. He had given the kids information about an idea and then allowed them to use their intelligence and talent to achieve it. This became the educational philosophy for Ojalá Niños: Space + Materials + Ideas + Guidance.

Rural communities in Mexico don't have a typical governing body. They have one person called the *delegado*. This is a person chosen to represent the needs of the community to the city municipal government. Our delegado lived around the corner and two of his sons had been among the first children coming to Ojalá art classes. They never missed and were very talented in drawing and painting. The boys had submitted some art to a show in town and their mother had gone with us to receive the certificates.

About the time the mural was being finished, I realized the two brothers had been absent. I began asking about it, wondering if they were sick. Finally, another neighbor told me that their father, the delegado, was telling people that the *gringa* (me) was improving her house on the backs of their children. Of course, he was referring to the mural. My first reaction was huffy, "How could he say that? I'm only helping the kids! I'm wonderful! Etc., etc."

Michael fue perfecto como espectador, observador y guía. Les había dado a los niños información sobre una idea y luego les permitió usar su inteligencia y talento para lograrla. Esta se convirtió en la filosofía educativa de Ojalá Niños: Espacio + Materiales + Ideas + Orientación.

Las comunidades rurales en México no tienen un órgano de gobierno típico. Tienen una persona llamada delegado. Se trata de una persona elegida para representar las necesidades de la comunidad ante el gobierno municipal de la ciudad. Nuestro delegado vivía a la vuelta de la esquina y dos de sus hijos habían estado entre los primeros niños en asistir a las clases de arte de Ojalá niños. Nunca fallaban y tenían mucho talento para dibujar y pintar. Los niños habían presentado algunas obras de arte para una exposición en la ciudad y su madre había ido con nosotros a recibir los certificados.

Cuando estaban terminando el mural, me di cuenta de que los dos hermanos habían estado ausentes. Comencé a preguntar al respecto, preguntándome si estaban enfermos. Finalmente, otra vecina me dijo que su padre, el delegado, le contaba a la gente que la gringa (yo) estaba mejorando su casa a costa de sus hijos. Por supuesto, se refería al mural. Mi primera reacción fue de enojo: "¿Cómo pudo decir eso? ¡Solo estoy ayudando a los niños! ¡Soy maravilloso! Etc., etc."

Then I was struck with that rare but beautiful, resounding epiphany. I saw myself from behind his eyes. How he saw me was totally true and understandable through his eyes.

I tried many times to talk with him. Sadly, I was never able to revive our good relationship. The boys never came back.

Years later, we saw each other at a large community gathering. His oldest daughter had a baby and he was holding his grandson. At that moment he remembered me as the lady who always took photos. I was holding my camera and he smiled shyly and gestured, asking if I would take their photo.

Of course, I would!

Entonces me impactó una rara pero hermosa y resonante epifanía. Me vi detrás de sus ojos. La forma en que me vio fue totalmente cierta y comprensible a través de sus ojos.

Intenté muchas veces hablar con él. Lamentablemente, nunca pude arreglar nuestra relación. Los chicos nunca regresaron.

Años más tarde, nos vimos en una gran reunión comunitaria. Su hija mayor tuvo un bebé y él sostenía a su nieto en brazos. En ese momento me recordó como la señora que siempre tomaba fotos. Yo estaba sosteniendo mi cámara y él sonrió tímidamente e hizo un gesto, preguntándome si podía tomarles una foto.

¡Por supuesto que sí!

Sculpture in the Campo

The road to my house from the main paved road around San Miguel de Allende was made of very old cobblestones. When the muffler on my old car began to complain, Fausto and Jesus, two brothers with a workshop to repair and install new mufflers, were recommended to me.

Being a lover of all things, rusty, mangled and twisted, their workshop was beautiful! They had piles of inner and outer car parts, not organized, just in seemingly endless piles. While they worked on my muffler, I asked if I could take some of the rusty stuff home. We filled my trunk and back seat with treasures.

Back home, I was slowly meeting up with some of my nearest neighbors and more children. I hoped I might enlist someone to come by and see all the junk in my patio and share my idea for building something.

Gabriel lived around the corner with his family. As he passed by one day, I invited him in. Juana—the one who later warned me about those "others" lived at the corner opposite my house. They were close neighbors but had never associated until they met at my house.

Escultura en el Campo

El camino a mi casa desde la carretera principal pavimentada alrededor de San Miguel de Allende estaba hecho de adoquines muy viejos. Cuando el silenciador de mi viejo auto empezó a fallar, me recomendaron Fausto y Jesús, dos hermanos dueños de un taller para reparar e instalar silenciadores.

Siendo yo una amante de todas las cosas, oxidadas, destrozadas y retorcidas, ¡su taller me pareció completamente hermoso! Tenían montones de piezas interiores y exteriores de automóviles, no organizadas, simplemente en montones aparentemente interminables. Mientras ellos trabajaban en mi silenciador, pregunté si podía llevarme algunas de las cosas oxidadas a casa. Llenamos mi baúl y mi asiento trasero de tesoros.

De regreso a casa, poco a poco me fui reuniendo con algunos de mis vecinos más cercanos y con más niños. Esperaba poder encontrar a alguien que viniera a ver toda la basura en mi patio y compartir mi idea de construir algo.

Gabriel vivía a la vuelta de la esquina con su familia. Un día, lo invité a pasar. En la esquina de enfrente de mi casa vivía Juana, la que luego me advirtió sobre esos "otros." Eran vecinos cercanos, pero nunca se habían hablado hasta que se conocieron en mi casa.

In my junk-filled patio, their creativity blossomed. Gabriel and Juana talked and laughed together and began to construct a standing figure. Children saw the activity and came in to help, having fun adding finishing touches to our new friend. Now where should our new friend go?

Juana's house was at one corner of a tiny intersection. There was space there where everyone passing could see the wonderful work of art.

Gabriel made a cement footing, but it needed welding to be secure. Back to the workshop of Fausto and Jesus, the muffler guys. Fausto came with a portable welder and we had our first community effort at public art.

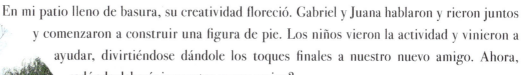

En mi patio lleno de basura, su creatividad floreció. Gabriel y Juana hablaron y rieron juntos y comenzaron a construir una figura de pie. Los niños vieron la actividad y vinieron a ayudar, divirtiéndose dándole los toques finales a nuestro nuevo amigo. Ahora, ¿adónde debería ir nuestro nuevo amigo?

La casa de Juana estaba en la esquina de una pequeña intersección. Allí había un espacio donde todos los que pasaban podían ver la maravillosa obra de arte.

Gabriel hizo una base de cemento, pero necesitaba soldadura para estar segura. De vuelta al taller de Fausto y Jesús los de los silenciadores. Fausto vino con una soldadora portátil y tuvimos nuestra primera actividad comunitaria en arte público

Riding in the Car

One day, I saw a very old couple struggling to walk on the cobblestones, which for them were especially treacherous. They were holding on to each other for dear life. I'd never seen them before, so I slowed down, stopped alongside them, and gestured the sign for a ride. The man stared at me and limped closer. He touched the car and patted the door a few times. It suddenly dawned on me that he'd never been in a car!

I got out, opened the back door, and helped them into the back seat. They looked a bit frightened, and I could only imagine why. A strange person, a new experience, and now they were captive in a car. I smiled and said a few encouraging words. I drove much slower than usual and had to swerve many times to avoid the potholes and larger stones.

I glanced at them in the rearview mirror. The woman had hugged her shawl closer around her shoulders and I could see she wanted to say something. I slowed down even more to hear her. "*Usted vive sola, Señora?* (You live alone, Madame?)"

"*Si, yo vivo sola*," I answered.

She slowly shook her head and looked very sad. She was feeling sorry for me and had clearly never met anyone who lived alone. That would never happen in her culture. Then I explained that I was very glad to be a part of their community–that I liked my life here.

A few minutes passed, and she said, "*Pero, señora, somos los pobres, somos los olvidados* (But, madame, we are the poor, we are the forgotten)."

They were words with meanings that made me tremble and made my heart hurt.

I was to learn repeatedly that this was the collective identity held by my neighbors about themselves. No wonder they were so shy and reluctant to engage. I was the "other" to them. They were seeing themselves from behind my eyes and that had never happened before. They were the "other" to me, but I had not yet put that into my consciousness about what it would mean to all of us for me to be a part of their community.

Would I ever be?

Pasear en Coche

Un día vi a una pareja de ancianos batallar para caminar sobre los adoquines, que para ellos eran especialmente traicioneros. Se abrazaban el uno al otro para cuidar su vida. Nunca los había visto antes, así que reduje la velocidad, me detuve junto a ellos y me ofrecí a llevarlos. El hombre me miró fijamente y se acercó cojeando. Tocó el coche y dio unas palmaditas en la puerta un par de veces. ¡De repente me di cuenta de que nunca había estado en un coche!

Salí, abrí la puerta trasera y los ayudé a subir. Parecían un poco asustados y sólo podía imaginar por qué. Una persona extraña, una experiencia nueva, y ahora estaban atrapados en un coche. Sonreí y dije algunas palabras de aliento. Conduje mucho más lento de lo habitual y tuve que desviarme muchas veces para evitar los baches y las piedras más grandes.

Los miré por el espejo retrovisor. La mujer se había ceñido más el chal sobre los hombros y pude ver que quería decir algo. Reduje la velocidad aún más para escucharla. "¿Usted vive sola, señora?"

"Si, yo vivo sola," respondí.

Ella sacudió lentamente la cabeza y parecía muy triste. Ella sentía lástima por mí y claramente nunca había conocido a nadie que viviera solo. Eso nunca sucedía en su cultura. Luego le expliqué que estaba muy contenta de ser parte de su comunidad y que me gustaba mi vida aquí.

Pasaron unos minutos y ella dijo: "Pero, señora, somos los pobres, somos los olvidados".

Eran palabras con significados que me hacían temblar y me dolía el corazón.

Aprendí repetidamente que ésta era la opinión colectiva que mis vecinos tenían sobre sí mismos. No es de extrañar que fueran tan tímidos y reacios. Yo era el "otro" para ellos. Se estaban viendo detrás de mis ojos y eso nunca antes había sucedido. Ellos eran el "otro" para mí, pero todavía no había tomado conciencia de lo que significaría para todos nosotros ser parte de su comunidad.

¿Lo estaría alguna vez?

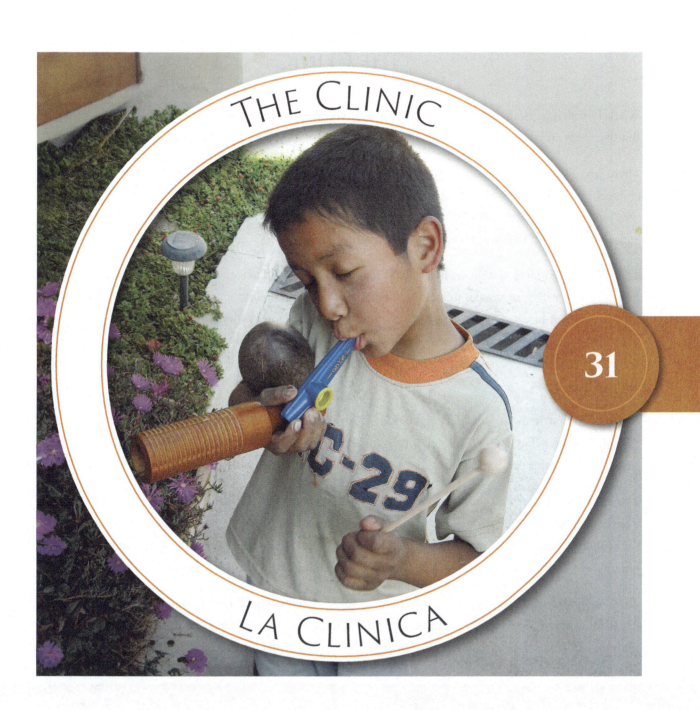

The Clinic

La Clinica

31

The Clinic

When I needed to go to town, I drove that same old cobblestone road that was difficult to navigate on foot. But there was no bus service to my village, and it seemed very few people had vehicles. So, everyone walked.

There was always someone walking, usually a mother carrying a baby, followed by one or two other young children. I always stopped for them and asked where they were going. When it was a mom with small kids, they were usually going to the clinic in a part of San Miguel called La Lejona 2. The clinic was a long way away and required lots of walking, a bus ride, and more walking.

There is a government system for health care for rural residents. They are assigned to a certain clinic and register there with government insurance. There are no appointments, so the wait to see a doctor or nurse practitioner can be most of the day. The space inside is a very long room. Chairs for waiting patients line one side. Desks with intake staff are on the other side, with doors into the examining areas behind them. Patients sign in with a person who distributes the names and health issues to the intake staff in front of the examination rooms.

During my first years in Mexico, I applied for this insurance. I was accepted because I had only a small disability income due to an encounter with a bus in 1995. I knew the routine of using the clinic. For me, a single person with a car, it was simple, but I always brought a book to read!

The clinic waiting area was a huge room with a cacophony of sounds from children that never let up. Some were crying because they were sick or hurt. Others just had to come along with another child or an adult, so they used the long middle space of the room like a playground. They ran back and forth, laughing, tagging, jumping—and yelling! Watching the kids was more entertaining than reading the book I'd brought along.

Early on in Mexico, I learned that "waiting" was a very common expenditure of time. Everyone else seemed to take it in stride, but the others in line often eyed me with curiosity or hid shy smiles about the gringa in their midst. At the clinic, I also saw that the parents or adults with children were vigilant but did nothing to interfere with their play.

La Clínica

Cuando necesitaba ir a la ciudad, conducía por el mismo viejo camino adoquinado, ese por el que era difícil transitar a pie. Y como no había servicio de autobús hasta el pueblo y muy poca gente tenía vehículos. Entonces todos caminaban.

Siempre había alguien caminando, generalmente una madre con un bebé en brazos, seguida de uno o dos niños pequeños más. Yo siempre me detenía a buscarlos y les preguntaba adónde iban. Cuando era una mamá con niños pequeños, generalmente iban a la clínica en una parte de San Miguel llamada La Lejona 2. La clínica estaba muy lejos y requería caminar mucho, viajar en autobús y caminar más.

Existe un sistema gubernamental de atención médica para los residentes rurales. Se les asigna una determinada clínica y se registran allí. No hay citas, por lo que la espera para ver a un médico o enfermera puede durar la mayor parte del día. El interior del lugar es una habitación muy larga. Las sillas para los pacientes en espera se alinean a un lado. Los escritorios con el personal de admisión están al otro lado, con puertas a los consultorios detrás de ellos. Los pacientes se registran con una persona que distribuye los nombres y los problemas de salud al personal de admisión frente a los consultorios.

Durante mis primeros años en México solicité este seguro. Me aceptaron porque sólo tenía un pequeño ingreso por discapacidad debido a un accidente con un autobús en 1995. Conocía la rutina de uso de la clínica. Para mí, una persona soltera con coche, era sencillo, ¡pero siempre llevaba un libro para leer!

La sala de espera de la clínica era una sala enorme con una cacofonía de sonidos de niños que nunca cesaban. Algunos lloraban porque estaban enfermos o heridos. Otros simplemente tenían que venir con otro niño o un adulto, por lo que utilizaban el largo espacio central de la habitación como parque de juegos. Corrían de un lado a otro, riendo, tocándose, saltando... ¡y gritando! Ver a los niños fue más entretenido que leer el libro que había traído.

Al principio en México aprendí que "esperar" era una pérdida de tiempo muy común. Todos los demás parecían tomárselo con calma, pero la gente en la fila a menudo me miraba con curiosidad o escondían sonrisas tímidas ante la gringa que estaba entre ellos. En la clínica también vi que los padres o adultos con niños estaban atentos, pero no hacían nada para interferir con su juego.

The kids were so happy, never fighting, only laughing and teasing. One would occasionally run to their adult, flop onto the lap for a minute, take a breath, and get a hug. Then back to the chaos. This was a totally new and strange kind of parenting.

After a lot more time in Mexico, I realized that I'd never seen an adult discipline a child harshly. If a child cried, they were comforted. I was learning that patience and acceptance of life's difficulties were embedded in the culture, an integral part of each person.

At the far end of the long room is the pharmacy, with another sitting area for another long wait if you need a prescription. Two pharmacists served patients side by side at the window. I couldn't help but notice that the person next to me was often signing their prescription with an X or a fingerprint. I was learning that most of my neighbors in my new community were illiterate. Now I saw the reality.

I also knew that many children didn't attend the local primary school, which went through the sixth grade. Many that did attend graduated without a good grasp of reading, writing, or speaking in Spanish. They couldn't go on to *secondaria* (junior high) without literacy. I decided to add Spanish literacy to the fledgling art program at my house. Some folks from town wondered why Spanish—because their focus for volunteer activity was to teach English. I had to keep explaining that my children needed to learn proper Spanish just to be able to engage with their own people in town!

My mission was becoming clearer every day. My original "plan" was becoming dimmer every day.

Los niños estaban felices, nunca peleaban, solo reían y bromeaban. De vez en cuando, uno corría hacia su adulto, se dejaba caer en el regazo por un minuto, respiraba y recibía un abrazo. Luego volvían al caos. Este era un tipo de crianza totalmente nuevo y extraño.

Después de mucho tiempo en México, me di cuenta de que nunca había visto a un adulto disciplinar duramente a un niño. Si un niño lloraba, lo consolaban. Estaba aprendiendo que la paciencia y la aceptación de las dificultades de la vida estaban arraigadas en la cultura, una parte integral de cada persona.

En el otro extremo de la larga sala está la farmacia, con otra sala de estar para otra larga espera si necesita surtir una receta. Dos farmacéuticos atendían a los pacientes uno al lado del otro junto a la ventana. No pude evitar notar que la persona a mi lado a menudo firmaba su receta con una X o una huella digital. Me estaba dando cuenta de que la mayoría de mis vecinos de mi nueva comunidad eran analfabetos.

También sabía que muchos niños no asistían a la escuela primaria local, que llegaba hasta el sexto grado. Muchos de los que asistían se graduaban sin tener buenos conocimientos de lectura, escritura o conversación en español. No podían pasar a la secundaria sin alfabetizarse. Decidí agregar la alfabetización en español al programa de arte en mi casa. Algunas personas del pueblo se preguntaban por qué el español, porque su objetivo de actividad voluntaria era enseñar inglés. ¡Tuve que seguir explicándoles que mis niños necesitaban aprender un español adecuado sólo para poder relacionarse con la gente en la ciudad!

Mi misión era cada día más clara. Mi "plan" original se estaba volviendo más lejano cada día

How to Eat Without Fire
Cómo Cocinar sin Fuego

32

How to Eat Without Fire

The rains during January 2010 were heavy and constant, day and night. They lasted for five days, filling the arroyos until they were almost overflowing, which would have flooded the town. It was also not the normal rainy season.

The usual pattern for rain in this mountainous region is to begin in the afternoon, perhaps rain all night, and turn into sunshine in the morning. Because of the high desert lack of humidity, things dried out quickly, even the carelessly covered wood piles of my neighbors.

I'd been watching the kids from my kitchen window, enjoying the rain and the mud for about three days. Then I saw a woman I'd never seen before, slogging through the mud in the road in front of my house, wearing very thin shoes.

I ran outside and asked her where she was going. "To the *bodega*, to get *bolillos*." The bodega was a new big grocery store about a mile away and bolillos were rolls for sandwiches. Suddenly I realized the situation. Their wood was wet and they couldn't make tortillas! How could I not see this sooner? I lived there, I saw their daily lives, and thought I knew a lot.

I asked the woman to find three or four other women and bring them back to my house. I ran inside and called a couple of friends in town and asked them to meet me at the Bodega Aurrera and bring as much money as possible. The Bodega Aurrera is a Walmart; a big box store in all Mexican cities for a certain class of customers. The people in my community had never had access to such a place.

But imagine, I'd boycotted Walmart in the United States for 40 years and now lived in a dusty remote village in the middle of Mexico and couldn't leave home without passing one! But from behind the eyes of my neighbors, it was a godsend.

The women came, we piled into my car and drove to the store where my friends were waiting with over 1000 pesos–over $50. I told the women to buy whatever we could make at my house for the children. They bought bags of white rice, large cans of sardines, many flats of eggs, powdered milk, and huge stacks of tortillas, made fresh at the store.

Cómo Cocinar sin Fuego

Las lluvias durante enero de 2010 fueron intensas y constantes, día y noche. Duraron cinco días, llenaron los arroyos hasta casi desbordar e inundar el pueblo. No era la temporada normal de lluvias.

El patrón habitual de lluvia en esta región montañosa es que comience por la tarde, tal vez podría llover durante toda la noche y convertirse en sol por la mañana. Debido a la gran falta de humedad del desierto, las cosas se secaban rápidamente, incluso los montones de madera descuidadamente apilados por mis vecinos.

Yo había estado observando a los niños desde la ventana de mi cocina, disfrutando de la lluvia y el barro durante unos tres días. Entonces vi a una mujer que nunca había visto antes, arrastrándose por el barro en el camino frente a mi casa, usando zapatos muy finos.

Salí corriendo y le pregunté adónde iba. "A la bodega, a comprar bolillos." La bodega es una gran tienda de comestibles aproximadamente una milla de distancia y los bolillos eran panecillos para sándwiches. Entonces me di cuenta de la situación. ¡la madera estaba mojada y no podían hacer tortillas! ¿Cómo no pude ver esto antes? Viví allí, vi su vida diaria y pensé que sabía mucho.

Le pedí a la mujer que buscara a otras tres o cuatro mujeres y las trajera a mi casa. Corrí adentro y llamé a un par de amigos del pueblo y les pedí que se reunieran conmigo en la Bodega Aurrera y trajeran la mayor cantidad de dinero posible. La Bodega Aurrera es un Walmart, una tienda en todas las ciudades mexicanas para una determinada clase de clientes. La gente de mi comunidad nunca había tenido acceso a un lugar así.

Imagínate yo que había boicoteado Walmart en Estados Unidos durante 40 años y ahora vivía en un pueblo remoto y polvoriento en el centro de México y no podía salir de casa sin pasar por uno. Pero a para mis vecinos fue una bendición del cielo.

Llegaron las mujeres, nos subimos a mi auto y nos dirigimos a la tienda donde mis amigos estaban esperando con más de 1000 pesos, más de 50 dólares. Les dije a las mujeres que compraran todo lo que pudiéramos hacer en mi casa para los niños. Compraron bolsas de arroz blanco, latas grandes de sardinas, muchos huevos, leche en polvo y enormes montones de tortillas recién hechas en la tienda.

Back at my house, we unloaded everything into my small kitchen. One of the women asked for my biggest pot. I brought out my soup kettle. They all looked at it and burst into laughter, bending over and covering their faces. Then they looked at the stove and laughed harder. Again, I woke up to their reality. How could they possibly cook so much food in their style with such meager equipment? Two of the women ran home and returned with two pots the size of short barrels. One of them fit on my entire stovetop. This was going to take a while.

The rice went on first, while the women blew out hundreds of eggs in the other pot. They added powdered milk and a few other mysterious ingredients that came from their homes. Their hands flew like a flock of birds taking  off, blowing out the eggs, opening the sardine cans, wrapping the tortillas in towels and putting them in a warm oven, and stirring the rice. When the rice was ready, the pot of egg stew went on the stove. They babbled and laughed the whole time, genuinely enjoying themselves. The whole lunch took about 45 minutes to prepare.

There was an umbrella over the patio table and overhanging trees. The rain was lighter and, as the food came out, the kids showed up. They just knew when it was time to eat. They were ecstatic and covered in mud. Their shoes must have weighed a pound each and their hands were barely visible. There was a rain barrel and several full buckets, so they "rinsed" their hands and lined up for the feast.

I could only marvel at the scene. Everybody was happy, everyone was enjoying the food, which was much more than a meal at home. No one minded the rain and mud, no one complained about anything. At least 50 kids and adults fed themselves that day and more food went home to give to others.

It was a day of perfect synchronicity and pure joy.

De regreso a mi casa, descargamos todo en mi pequeña cocina. Una de las mujeres me pidió mi olla más grande. Saqué mi cacerola para sopa. Todas me miraron y se echaron a reír, inclinándose y tapándose la cara. Luego miraron la estufa y se rieron más fuerte. Nuevamente vi su realidad. ¿Cómo podían cocinar tanta comida a su estilo con un equipo tan escaso? Dos de las mujeres corrieron a casa y regresaron con dos ollas del tamaño de pequeños barriles. Uno de ellos ocupaba toda mi estufa. Esto iba a llevar un buen tiempo.

Primero se cocinó el arroz, mientras las mujeres quebraban cientos de huevos en la otra olla. Agregaron leche en polvo y algunos otros ingredientes misteriosos que provenían de sus hogares. Sus manos volaban como bandada de pájaros alzando el vuelo, batiendo los huevos, abriendo las latas de sardinas, envolviendo las tortillas en toallas y metiéndolas en un horno caliente, y removiendo el arroz. Cuando el arroz estuvo listo, la olla de guiso de huevo se puso al fuego. Balbucearon y rieron todo al mismo tiempo, divirtiéndose genuinamente. Todo el almuerzo tardó unos 45 minutos en prepararse.

Había una sombrilla sobre la mesa del patio y árboles alrededor. La lluvia amainó y cuando salió la comida, aparecieron los niños. Simplemente sabían cuándo era hora de comer. Estaban exhaustos y cubiertos de barro. Sus zapatos debían pesar medio kilo cada uno y sus manos apenas eran visibles. Había un barril lleno de agua de lluvia, así que se "enjuagaron" las manos y se pusieron en fila para el banquete.

Sólo pude maravillarme ante la escena. Todos estaban contentos, todos disfrutaban de la comida, que era mucho más que una comida en casa. A nadie le importaba la lluvia y el barro, nadie se quejaba de nada. Al menos 50 niños y adultos se alimentaron ese día y más comida se fue a casa para dársela a otros.

Fue un día de perfecta sincronicidad y alegría pura.

Goin' to the Movies

By now most of the children had some idea about my living situation—including that I had a TV. One day Martin approached me, giving me the feeling he was on a mission. Head held high, but feet kicking the ground, he asked if 'we' could watch a movie someday. The 'we' was communicated with his arms gesturing around to the other children working at a table nearby. Sorry to say, I hesitated just a few seconds, because of the amount of dust and dirt that came off these kids, which I had cleaned up after any visit.

"OK," I said, and we made a date for a couple of days later.

I went to a market where many vendors sold thousands of pirated movies. I know this was not the right thing to do, but I forgave myself and bought Spiderman 3 in Spanish.

The day came, popcorn and cookies were on the coffee table, surrounded by my small sofas and all the seats I could cram into the crowded space. I had no idea how many kids would come. The bell rang and I was nervous, not because of the kids, but because I was hosting an event and I wanted everything to be perfect! Twelve children came politely through the door and found their places. They wiggled with excitement, and I started the movie. All eyes were glued to my small, very old TV screen.

Only a few minutes into the movie, one of the girls tapped me gently on my arm and whispered, "*Regalame que usar su baño por favor?* (May I go to your bathroom please?)" She had looked around and spotted the powder room in the far corner of the room. I nodded and she got up. All heads turned—this was clearly more interesting than Spiderman.

One by one, each child tapped me gently on my arm, made the same request, and lined up at the powder room door. Nobody was watching the movie! So, eleven children were lined up waiting to use a toilet.

The eleventh child was standing next to my drinking water container at the edge of the kitchen. She tapped me gently and asked, "*Regalame un vaso de agua, por favor?* (May I have a drink of water, please?)" Up the line came the same polite request and as each one came out of the bathroom, they went to the end of the line for their glass of water. This took a long time.

Ir al Cine

Para entonces, la mayoría de los niños sabían exactamente como yo vivía, incluyendo el hecho de que tenía un televisor. Un día Martin se me acercó y me dio la sensación de que estaba en una misión. Con la cabeza en alto, pero con los pies apoyados en el suelo me preguntó si "podríamos" ver una película algún día. El "nosotros" lo comunicó con sus brazos señalando a los otros niños que trabajaban en una mesa cercana. Yo dudé solo unos segundos, por la cantidad de polvo y suciedad que se desprendían de estos niños que yo tenía que limpiar después de cualquier visita.

"Está bien", dije, y concertamos una cita para un par de días después.

Fui a un mercado donde muchos vendedores vendían miles de películas pirateadas. Sé que esto no era lo correcto, pero me perdoné y compré El hombre araña 3 en español.

Llegó el día, palomitas de maíz y galletas estaban en la mesita de café, acomodé mis pequeños sofás y todos los asientos que pude meter en el pequeño espacio. No tenía idea de cuántos niños vendrían. Sonó el timbre y estaba nerviosa, no por los niños, sino porque estaba organizando un evento y quería que todo fuera perfecto. Doce niños cruzaron cortésmente la puerta y encontraron sus lugares. Se emocionaron mucho y yo les puse la película. Todos los ojos estaban pegados a mi pequeña y muy vieja pantalla de televisión.

A solo unos minutos de comenzar la película, una de las chicas me dio unos golpecitos suaves en el brazo y me susurró: "¿Puedo usar su baño por favor?" Miró a su alrededor y vio el tocador en el rincón más alejado de la habitación. Asentí y ella se levantó. Todas las cabezas se volvieron: esto era claramente más interesante que El hombre araña.

Uno por uno, cada niño me tocó suavemente el brazo, hizo la misma petición y se puso en fila ante la puerta del tocador. ¡Nadie estaba viendo la película! Entonces, once niños estaban haciendo fila esperando para ir al baño.

El undécimo niño estaba de pie junto a mi garrafón de agua potable en la cocina. Me tocó suavemente y me preguntó: "¿Me podría regalar un vaso de agua, por favor"? Después llegó la misma petición cuando cada uno de los niños salía del baño. Esto tomó mucho tiempo.

The movie, popcorn, and cookies were completely ignored. When each child had visited the toilet, flushed many times, and had a glass of water, they politely filed out the door with big smiles, all saying, "Gracias!"

Speechless, I grabbed the bowl of popcorn and ran after them as they went skipping out the gate.

This important special occasion was not a movie... it was a visit to a real bathroom and a glass of clean water.

La película, las palomitas y las galletas fueron completamente ignoradas. Cuando cada niño visitó el baño, tiró de la cadena muchas veces y tomó un vaso de agua, cortésmente salieron por la puerta con grandes sonrisas y todos dijeron: "¡Gracias!"

Sin palabras, agarré el tazón de palomitas de maíz y corrí tras ellos mientras salían por la puerta.

Esta importante ocasión no se trataba de una película... se trataba de una visita a un baño real y un vaso de agua limpia.

OJALÁ!

¡OJALÁ!

34

Ojalá!

I had almost forgotten why I came to San Miguel Viejo. I'd come to drop out. I'd been hurt and disappointed by life. I was tired of doing so much out of a belief that I could or should make things better. This belief harkens back to the religious ideals that I was taught in early childhood. Suffering, sacrificing, and feeling inadequate from shame were still deeply embedded in my psyche. I'd spent my life operating from that place.

Ha! And here I was—doing it again. Really? But this felt different. I had responded to some dear children by giving them pencils. Then they led me on to more giving and sharing. I was happy.

They were happy. Together we were learning another way.

There were now over 70 children coming. I'd begun to write articles for the local English newspaper in San Miguel de Allende. We were getting donations of materials and more volunteers offering projects. We'd begun to use the back part of the land behind my house, using discarded tiny desks and chairs, anything we could find to make a space for kids to discover themselves.

¡OJALÁ!

Yo casi había olvidado por qué vine a San Miguel Viejo. La vida me había herido y decepcionado. Estaba cansada de hacer tantas cosas por los demás porque creía que podía o debía mejorar las cosas. Esta creencia se remonta a los ideales religiosos que me enseñaron en mi infancia. El sufrimiento, el sacrificio y el sentimiento de vergüenza todavía estaban profundamente arraigados en mi mente. Pasé mi vida viviendo de esa forma.

¡Ja! Y aquí estaba yo, haciéndolo de nuevo. ¿Pero la estaba haciendo realmente igual? Esto se sentía diferente. A algunos niños les había respondido dándoles lápices. Luego me llevaron a dar y compartir más. Yo era feliz. Ellos eran felices. Juntos estábamos aprendiendo   de otra manera.

Ahora venían más de 70 niños. Yo había comenzado a escribir artículos en inglés para el periódico local de San Miguel de Allende. Nosotros estábamos recibiendo donaciones de materiales y más voluntarios llegaban ofreciendo implementar proyectos. Habíamos comenzado a utilizar la parte trasera del terreno detrás de mi casa, con pequeños escritorios y sillas de segunda mano, usando cualquier cosa que pudiéramos encontrar para crear un espacio para que los niños se descubrieran a sí mismos.

It was time to name ourselves!

I wasn't proficient in Spanish but there was a word that was beautiful to me, in its origins, its sound, and its meaning – O-JA-LA. The J is pronounced like H and its origin is the ancient Islamic word: Inshala, meaning God Willing – or hope. Ojalá is a very common expression in daily conversation in Mexico and means "hopefully," "may it be so," or "God Willing."

Early in 2010, almost two years after the first kids came into the patio, a board of directors had formed so that we could officially become a non-profit organization in Mexico. In September, we created a legal Mexican non-profit or NGO (Non-Governmental Organization) called OJALÁ NIÑOS – Children of Hope.

¡Era hora de ponernos un nombre!

Yo no dominaba el español, pero había una palabra que para mí era hermosa, en su origen, en su sonido y en su significado: O-JA-LA. La J se pronuncia como H y su origen es la antigua palabra islámica: Inshala, que significa si Dios quiere o esperanza. Ojalá es una expresión muy común en la conversación diaria en México y significa "con optimismo," "que así sea," o "si Dios quiere."

A principios de 2010, casi dos años después de que los primeros niños llegaran al patio, habíamos formado una junta directiva para que pudiéramos convertirnos oficialmente en una organización sin fines de lucro en México. En septiembre, creamos una ONG (Organización No Gubernamental) mexicana llamada OJALÁ NIÑOS—Niños de la Esperanza.

STAINED GLASS · JUAN DANIEL
VITRALES · JUAN DANIEL

35

Stained Glass · Juan Daniel

Juan Daniel came to the Ojalá Niños art program in 2010 at age ten. He began to work with stained glass, on a project of cutting small pieces and making designs on glass vases.

He created beautiful pieces that the program volunteers wanted to buy. One day he took a flat piece of plain glass and began to make a beautiful rooster. A visitor saw him work and asked if she could buy it when he was done. She did, and it still holds an honored place in her kitchen window, with sunlight illuminating the rooster.

At 13 years of age he began teaching three of his peers at Ojalá to produce beautiful, salable stained glass art. They displayed their work at a local weekly market and sold everything.

Juan Daniel didn't continue into secondary school but went to work with a local family who made building bricks. This is a common practice among rural families that need an income from as many family members as possible.

Vitrales · Juan Daniel

Juan Daniel llegó al programa de arte Ojalá Niños en 2010 a los diez años. Comenzó a trabajar con vitrales, en un proyecto de cortar pequeños trozos y realizar diseños en jarrones de vidrio.

El creaba hermosas piezas que los voluntarios del programa querían comprar. Un día tomó un trozo plano de vidrio y comenzó a hacer un hermoso gallo. Una visitante lo vio trabajar y le preguntó si podía comprarlo cuando terminara. Ella lo hizo y todavía ocupa un lugar de honor en la ventana de su cocina, con la luz del sol iluminando el gallo.

A los trece años, Juan Daniel enseñó a tres de sus compañeros en Ojalá a producir hermosos vitrales para vender. Los chicos mostraron su trabajo en un mercado local semanal y vendieron todo.

Juan Daniel no continuó sus estudios de secundaria, pero empezó a trabajar con una familia local que fabricaba ladrillos para la construcción. Esta es una práctica común entre las familias rurales que necesitan ingresos del mayor número posible de miembros de la familia.

He continued to work, without professional instruction, with an amazing array of design ideas in both three-dimensional and flat pieces. Throughout the years they have all readily sold to residents of San Miguel de Allende and visitors from all over the world.

One day we were given a large donation of supplies from a professional stained glass artist. Juan Daniel began to investigate how to expand his own work using these materials. Unbeknownst to us, he worked at his house and one day appeared with two huge works that required techniques using lead.

Juan Daniel is twenty-three years old now and teaches younger children two afternoons a week at the same Ojalá Niños art program. He continues to excel as an artist and also as an inspiring teacher. Many children want to attend his classes and their work shows exciting design creativity.

As I have often said, "Music matters." Juan Daniel has also found another passion and now plays guitar and sings. He enjoys entertaining the children at Ojalá Niños and performing at Ojalá Niños events and for the public.

El continuó trabajando, sin formación profesional, con una sorprendente variedad de ideas de diseño, tanto en piezas tridimensionales como planas. A lo largo de los años, todos se han vendido fácilmente a los residentes de San Miguel de Allende y a visitantes de todo el mundo.

Un día recibimos una gran donación de materiales de parte de un vitralista profesional. Juan Daniel comenzó a investigar cómo ampliar su propio trabajo utilizando estos materiales. Sin yo saberlo, él trabajaba en su casa y un día apareció con dos obras enormes con técnicas en plomo.

Juan Daniel tiene ahora veintitrés años y enseña a niños más pequeños dos tardes a la semana en el mismo programa de arte Ojalá Niños. El continúa sobresaliendo como artista y también como inspirador maestro. Muchos niños quieren asistir a sus clases y sus trabajos muestran una creatividad de diseño apasionante.

Como he dicho a menudo, "la música importa." Juan Daniel ha encontrado otra pasión y ahora toca la guitarra y canta. Le gusta entretener a los niños de Ojalá Niños y actuar en los eventos y para el público.

MEETING THE YALE GLEE CLUB
CONOCIENDO AL CLUB YALE GLEE

36

Meeting the Yale Glee Club

'Twas a usual weekday morning, checking my emails with the first cup of coffee. A new name appeared—Jared from the Yale Glee Club.

The Glee Club of Yale University, located in New Haven, Connecticut, was planning a tour of Mexico in 2018 and Jared had been assigned the task of finding a children's education program that had a music component. My usual day was already a special day.

Over the next month, Jared and I talked at length with his endless questions about who we were and where we were. I did my best to describe our geographical location—in the middle of Mexico, in a remote Indigenous village with no sidewalks or paved streets... actually no streets. Most of the residents lived in incomplete shelters with intermittent water and electricity, no bus service, and many children didn't attend the local primary school.

But we had the historic 16th-century capilla on the other side of the community where the Haven String Quartet had performed and where the Glee Club concert could be held. The Ojalá Niños program was providing the local children with another learning opportunity that would otherwise be unavailable to them.

Conociendo al Club Yale Glee

Era una mañana normal entre semana y revisando mis correos electrónicos con mi primera taza de café apareció un nuevo nombre: Jared del Yale Glee Club.

El Glee Club de la Universidad de Yale, ubicado en New Haven, Connecticut, estaba planeando una gira por México en 2018 y a Jared le habían asignado la tarea de encontrar un programa de educación infantil especializado en música. Mi día habitual se convirtió en un día especial.

Durante el mes siguiente, Jared y yo discutimos largamente sus interminables preguntas acerca de quiénes éramos y dónde estábamos. Yo hice lo mejor que pude para describir nuestra ubicación geográfica: en el centro de México, en un remoto pueblo indígena sin aceras ni calles pavimentadas, en realidad sin calles. La mayoría de los residentes vivían en refugios incompletos con agua y electricidad intermitentes, sin servicio de autobús y muchos niños no asistían a la escuela primaria local.

Pero teníamos la histórica capilla del siglo XVI al otro lado de la comunidad donde había actuado el cuarteto Haven String y donde se podía celebrar el concierto del Glee Club. El programa Ojalá Niños estaba brindando a los niños locales otra oportunidad de aprendizaje que de otro modo no estaría disponible para ellos.

Jared was nineteen years old and his life's experience might as well have been from another planet. He responded to me most of the time with "really?" "really?" "really?" We were all about to embark on a marvelous new adventure.

The Glee Club's arrival at the San Miguel Viejo was scheduled for March 15th. Yale school colors were blue and white. In preparation, the children made at least 50 sticks with blue and white streamers and a teacher made a huge sign welcoming the singers.

I had explained to Jared that their tour buses couldn't drive to the capilla. They were able to go onto the meadow in front of my house. Two enormous buses parked and deposited 81 singers, their conductor and several adult companions from the university.

We all met them at the little intersection near my house. The children walked with them through the community, they held hands with the kids, and sang all the way to the chapel. I believe those voices and harmonies must still be in the air.

I had done a lot of publicity in town, including Yale alumni, to invite people to attend the concert.

During the concert, the singers took little time-outs, divided themselves and the kids

Jared tenía diecinueve años y poca experiencia en la vida. Me respondía la mayor parte del tiempo con "¿en serio?" "¿en realidad?" "¿de verdad?" Estábamos todos a punto de embarcarnos en una nueva y maravillosa aventura.

La llegada del Glee Club al San Miguel Viejo estaba prevista para el 15 de marzo. Los colores de la escuela de Yale eran el azul y el blanco. Para recibirlos los niños hicieron al menos 50 palos con serpentinas azules y blancas y una maestra hizo un cartel enorme dando la bienvenida a los cantantes.

Le había explicado a Jared que sus autobuses turísticos no podían llegar a la capilla. Pero que podían estacionarse en el prado frente a mi casa. Dos enormes autobuses aparecieron llevando a 81 cantantes, su director y varios acompañantes adultos de la universidad.

Todos nos encontramos con ellos en la pequeña intersección cerca de mi casa. Los niños caminaron con ellos por la comunidad, ellos tomaron de la mano a los niños y cantaron todo el camino hasta la capilla. Creo que esas voces y armonías aún deben estar en el aire.

Yo había hecho mucha publicidad en la ciudad, incluyendo a los ex alumnos de Yale, para invitar a la gente a asistir al concierto.

Durante el concierto, los cantantes se tomaron pequeños descansos, se dividieron ellos y los niños en pequeños grupos y tuvieron mini momentos

into small groups and had mini musical moments, learning a new song together with lots of giggling. When the chorus formed again, the children stood in front of them and sang along... accompanied by more giggling.

Our stained glass artist, Juan Daniel, made a beautiful image of the chapel as a gift to the choir. Local mothers prepared a delicious repast for everyone after the concert, including fresh fruit water.

Music finds its way into the secret places of the soul.

Music matters in every life.

musicales, aprendiendo una nueva canción juntos llenos de risas. Cuando el coro se formó nuevamente, los niños se pararon frente a ellos y cantaron acompañados de más risas.

Nuestro vitralista, Juan Daniel, hizo una hermosa imagen de la capilla como regalo para el coro. Las madres locales prepararon una deliciosa comida para todos después del concierto, incluida agua de frutas frescas.

La música siempre encuentra su camino hacia los lugares secretos del alma.

La música importa en cada vida

Tennis Camp for Kids

Barry Annino came to San Miguel from Dallas in 2015 with a dream: to give chances to learn to play tennis to children in our town who didn't have access to such opportunities. Barry was a big guy who thought big about giving back where he saw the chance and the need.

As a child of destitute circumstances, someone gave him a tennis racquet and a few lessons. One thing led to another and Barry became a tennis coach with credentials that came from lots of luck, lots of hard work, and lots of experience.

In Dallas, he also developed a passion for improving neighborhoods and creating parks—including an especially beautiful park for dogs under a freeway overpass that had formerly been an unremarkable place. Now graced with sculptures, murals, grass, fencing, and lights, it was a popular destination for dogs and their people companions.

Having spent several of his earlier years in Mexico, Barry had a big heart for the country and its children. Remembering what a tennis racquet did for him, he wanted to help children here to realize their potential through the sport of tennis. After looking for local support in San Miguel de Allende and being disappointed with the responses, he came upon the Ojalá Niños table at the Saturday market at the Rosewood Hotel. There was no hesitation from me when Barry told me his story.

I explained that Ojalá Niños was a non-profit program in the rural community of San Miguel Viejo that gave over 100 children of all ages free classes every weekday afternoon in arts, music, literacy, history, health, environment issues, and social justice. We were clearly a perfect match for a man who wanted to add sports to their world.

Campamento de Tenis para los Niños

The big plan was to make this camp a yearly, expanding event. The timing was also perfect with the remodeling of our *Unidad Deportiva Municipal* (city sports complex), known as *la deportiva*, across from the entrance to Los Frailes on the road to Celaya.

Under the direction of Alejandro Ramirez, Director de la Comisión del Deportiva de San Miguel de Allende, we had a truly wonderful place for many sports, with free classes year-round. It was beautiful, safe, and accessible.

As soon as Barry found out about la deportiva, he was there, talking to the staff. He quickly moved on to the municipal offices and even managed an appointment with the mayor of San Miguel de Allende. Barry operated in a personal style that worked well to get things done. He did not shy away from approaching those he needed to get things moving. Efrain Gonzalez was the local person who helped bring everything together.

The first tennis camp was held in July of 2015. Each of the 40 children who participated was given a new racquet and had access to ongoing lessons and practice space at la deportiva.

El gran plan era hacer de este campamento un evento anual de expansión. El momento también fue perfecto con la remodelación de nuestra Unidad Deportiva Municipal, conocida como la deportiva, frente a la entrada a Los Frailes vía carretera a Celaya.

Bajo la dirección de Alejandro Ramírez, Director de la Comisión Deportiva de San Miguel de Allende, nosotros tuvimos un lugar verdaderamente maravilloso para muchos deportes, con clases gratuitas durante todo el año.

El gran plan era hacer de este campamento un evento anual de expansión. El momento también fue perfecto con la remodelación de nuestra Unidad Deportiva Municipal, conocida como la deportiva, frente a la entrada a Los Frailes vía carretera a Celaya.

Bajo la dirección de Alejandro Ramírez, Director de la Comisión Deportiva de San Miguel de Allende, nosotros tuvimos un lugar verdaderamente maravilloso para muchos deportes, con clases gratuitas durante todo el año. Era hermoso, seguro y accesible.

Tan pronto como Barry se enteró de la deportiva, estuvo allí, hablando con el personal. Rápidamente pasó a las oficinas municipales e incluso logró una cita con el alcalde de San Miguel de Allende. Barry operaba con un estilo personal que funcionaba bien para hacer las cosas. No dudo en acercarse a aquellos y hacer lo necesario para que las cosas avanzaran. Efraín González fue la persona local que ayudó a unir todo.

El primer campamento de tenis se llevó a cabo en julio de 2015. Cada uno de los 40 niños que participaron recibió una raqueta nueva y tuvo acceso a lecciones continuas y espacio de práctica en la deportiva.

Era hermoso, seguro y accesible.

Tan pronto como Barry se enteró de la deportiva, estuvo allí, hablando con el personal. Rápidamente pasó a las oficinas municipales e incluso logró una cita con el alcalde de San Miguel de Allende. Barry operaba con un estilo personal que funcionaba bien para hacer las cosas. No dudo en acercarse a aquellos y hacer lo necesario para que las cosas avanzaran. Efraín González fue la persona local que ayudó a unir todo.

El primer campamento de tenis se llevó a cabo en julio de 2015. Cada uno de los 40 niños que participaron recibió una raqueta nueva y tuvo acceso a lecciones continuas y espacio de práctica en la deportiva.

Lamentablemente, nunca organizamos otro campamento de tenis. En marzo de 2016, a Barry le diagnosticaron un cáncer de hígado avanzado y poco común. En ese momento yo estaba recaudando los fondos necesarios para comprar el terreno al lado de mi casa para ampliar las actividades de Ojalá Niños. Le había pagado al propietario una cuota inicial del importe del precio acordado y él me estaba presionando para que le entregara el resto en unos días.

Sadly, we never hosted another tennis camp. In March 2016, Barry was diagnosed with rare and advanced liver cancer. At this time, I was raising funds needed to buy the land next to my house to expand the activities for Ojalá Niños. I'd paid the landowner an initial installment of the amount of the agreed price, and he was pressuring me to get the balance to him within a few days.

Then I got one of Barry's one-sentence emails: "How's it goin'?" He meant raising the money.

"Not so good."

"How much do ya need?"

"Ten thousand."

"Lemme think about it."

He wrote back a day later, "Debora and I will pay it off. We only want some fruit trees for Debora and an herb garden for Lena." Lena is their daughter.

I was full of gratitude.

The next day was Barry's birthday, so I called him to express my heartfelt thanks. First, he told me he'd realized what was most important to him—his family and the children of Ojalá Niños.

Then, he told me about the cancer diagnosis. Barry died on February 27th, 2018.

Just a few days before Barry passed, he wrote me an email: "I'll always remember you. Never give up."

I'll always remember Barry, and I haven't given up.

Luego recibí un correo electrónico con una sola frase de Barry: "¿Cómo te va?" Se refería a recaudar el dinero.

"No tan bien."

"¿Cuánto necesitas?"

"Diez mil."

"Déjame pensar en ello."

Me respondió un día después: "Débora y yo lo pagaremos. Sólo queremos algunos árboles frutales para Débora y un jardín de hierbas para Lena." Lena es su hija.

Yo estaba llena de gratitud.

El día siguiente era el cumpleaños de Barry, así que lo llamé para expresarle mi más sincero agradecimiento. Primero, me dijo que se había dado cuenta de lo que era más importante para él: su familia y los chicos de Ojalá Niños.

Luego me habló del diagnóstico de cáncer. Barry murió el 27 de febrero de 2018.

Unos días antes de que Barry falleciera, me escribió un correo electrónico: "Siempre te recordaré. No te rindas nunca."

Siempre recordaré a Barry y yo no me he rendido.

38

Adventures in Art

Classes in various arts had become regular events each week. Two American women who had been art teachers in their careers volunteered to come every Wednesday afternoon. More children came and their class was so popular, they had to limit the number of children and the number of weeks in a class.

A woman who specialized in miniatures also volunteered. She limited her class to eight students for eight weeks to complete a miniature. Each child had a drawer for their tools and materials. They also promised to attend every class—no excuses!

A fine local stained glass artist with her own gallery and studio in San Miguel volunteered to teach.

We hired a talented local woman who created amazing designs for hand-sewn items that became keychains. The class was called *manualidades* (crafts). Our children were rich with inspiration and opportunity. It wasn't long before they were all producing high-quality arts and crafts.

There had been many art fairs around town, the kind that cost a lot for a space. As a photographer in need of an income, I attended many of those.

Then a cooperative organic farmer's market came about and happened every Saturday morning. It included areas for food products made by the sellers, fresh food to eat there, and spaces for artisans. As a cooperative model, it cost very little and a portion of the entry fee was returned to the participants at the end of each month.

I had a space for my photography and asked for another space for Ojalá Niños.

Aventuras en el Arte

Las clases en diversas artes se habían convertido en eventos regulares cada semana. Dos mujeres estadounidenses que habían sido profesoras de arte se ofrecieron como voluntarias para venir todos los miércoles por la tarde. Vinieron más niños y su clase era tan popular que tuvieron que limitar el número de niños y el número de semanas en una clase.

También se ofreció de voluntaria una mujer especializada en arte en miniatura. Ella limitó su clase a ocho estudiantes durante ocho semanas para poder terminar una miniatura. Cada niño tenía un cajón para sus herramientas y materiales. También prometieron asistir a todas las clases, ¡sin excusas!

Una excelente vitralista local con su propia galería y estudio en San Miguel se ofreció como voluntaria para enseñar también.

Contratamos a una talentosa mujer local que creó asombrosos diseños para artículos cosidos a mano que se convirtieron en llaveros. La clase se llamaba manualidades. Nuestros niños eran ricos en inspiración y en oportunidades. No pasó mucho tiempo antes de que todos produjeran artesanías de alta calidad.

Había habido muchas ferias de arte en la ciudad, de esas que cobran mucho por rentar un espacio. Como fotógrafa que necesita ingresos, yo asistí a muchas de ellas.

Luego surgió un mercado cooperativo de agricultores orgánicos que se realizaba todos los sábados por la mañana. Incluía áreas para productos alimenticios, elaborados únicamente por los vendedores, alimentos frescos para comer allí y espacios para artesanos. Como modelo cooperativo, costaba muy poco y una parte de la cuota de inscripción se devolvía a los participantes al final de cada mes.

Yo tenía un espacio para mi fotografía y pedí otro espacio para Ojalá Niños.

Oh, what had I done? Going to a market meant early-to-rise, packing up, loading up boxes and kids, unloading, and setting up. Looking good meant heads up, smiling at folks checking out your table, and learning a few words and phrases to communicate.

Being a cooperative, there was an obligatory meeting after the market to discuss and decide issues; pose questions, present ideas, etc. I hoped at least the kids were observing and learning something about the business of being entrepreneurial. They were earning money from the sale of their items and giving a small percentage to Ojalá Niños for expenses.

When we did the afternoon in reverse, I arrived home exhausted, but thankful for yet another special opportunity for Ojalá kids.

Another vendor at the market was a weaver. His name was Felipe and I'd heard that he was one of only three in our state that did Oaxacan-style weaving. His designs were gorgeous—on rugs, jackets, ponchos and pillows. I always talked with him and admired his work. One day while I was at home, Felipe came down the road on his bike. He'd ridden from town to make an offer.

Felipe had several different sizes of looms in his workshop. He'd made them himself. He offered to build a loom at my house and give classes to children who wanted them. It would include everything I'd learned from

¿Qué había hecho? Ir a un mercado significaba levantarse temprano, hacer las maletas, cargar cajas y niños, descargar y montar. Ellos tenían que lucir bien, estar atentos, sonreír a la gente que revisaba su mesa y aprender algunas palabras y frases para comunicarse.

Al ser cooperativa, había una reunión obligatoria después del mercado para discutir y decidir temas; plantear preguntas, presentar ideas, etc. Yo esperaba que al menos los niños estuvieran observando y aprendiendo algo sobre el negocio de ser emprendedor. Ellos ganaban dinero con la venta de sus artículos y daban un pequeño porcentaje a Ojalá Niños para gastos.

Cuando regresamos por la tarde, llegué a casa exhausta, pero agradecida por otra oportunidad especial para los niños de Ojalá.

Un vendedor del mercado era un tejedor. Su nombre era Felipe y yo había oído que era uno de los tres únicos en nuestro estado que tejían al estilo oaxaqueño. Sus diseños eran magníficos: en alfombras, chaquetas, ponchos y almohadas. Siempre hablé con él y admiré su trabajo. Un día mientras yo estaba en casa, Felipe vino en su bicicleta. Había viajado desde la ciudad para hacerme una oferta.

Felipe tenía telares de distintos tamaños en su taller. Él mismo los había hecho. Él se ofreció a construir un telar en mi casa y dar clases

my Oaxacan weaver friends twelve years earlier—carding the wool, dying the wool, and learning to design and use a loom.

Ojalá Niños was again showered with a marvelous opportunity.

a los niños que las quisieran. El incluiría todo lo que había aprendido de sus amigos tejedores oaxaqueños doce años atrás: cardar la lana, teñirla y aprender a diseñar y usar un telar.

Ojalá Niños volvió a recibir una maravillosa oportunidad.

Poet Laureate Richard Blanco

The Writers' Conference & Literary Festival produced by the San Miguel Literary Sala is the largest and most prestigious co-cultural, bi-lingual literary gathering in the Americas. The Writers' conference offers five exciting days of keynote talks, workshops, and many other dynamic activities with big names from the literary world. It is attended by hundreds of people, local and international.

In 2015, the speaker for the opening evening keynote address was Alice Walker, the African-American writer and feminist who received the Pulitzer Prize for Fiction in 1983 for the novel *The Color Purple*. Before the keynote speaker was introduced a group of children from Ojalá Niños came up on the stage and sang a song about their activities, loving to read, and thanking the audience for helping them to read. The audience showed their delight and appreciation with thunderous applause.

Richard Blanco, poet laureate and inaugural poet for President Obama, was in the audience and later asked friends if he could meet the founder of Ojalá Niños. How exciting! Richard was the fifth Presidential Inaugural Poet in United States history. He was the first immigrant, the first Latino, the first openly gay person, and at the time the youngest person to serve in such a role.

We met the following morning, and Richard asked if he could visit the community to meet the children and share his story with them. The request was received with tears of joy, and arrangements were made for the next afternoon, Friday, when there would be a reading class at 3:00 pm.

The local staff and I scrambled to inform more children and parents that there would be a *gran sorpresa* (big surprise) at Ojalá Niños during the class.

Richard Blanco, Poeta Laureado

La Conferencia de Escritores y Festival Literario producido por la Sala Literaria San Miguel es el encuentro bilingüe bicultural más grande y prestigioso de América. La conferencia de escritores ofrece cinco emocionantes días de pláticas magistrales, talleres y muchas otras actividades dinámicas con reconocidos personajes del mundo literario. A él asisten cientos de personas, locales e internacionales.

En 2015, la encargada del discurso de apertura fue Alice Walker, la escritora y feminista afroamericana que recibió el Premio Pulitzer de Ficción en 1983 por la novela *The Color Purple*. Antes de que ella se presentara, un grupo de chicos de Ojalá Niños subió al escenario y cantaron una canción acorde al tema, les encantaba leer y mis niños agradecían a la audiencia por ayudarlos a leer. El público mostró su alegría y agradecimiento con estruendosos aplausos.

Richard Blanco, poeta laureado y poeta inaugural del presidente Obama, estaba entre la audiencia y preguntó a sus amigos si podía conocer al fundador de Ojalá Niños. ¡Que interesante! Richard fue el quinto poeta inaugural presidencial en la historia de los Estados Unidos. Fue el primer inmigrante, el primer latino, la primera persona abiertamente gay y, en ese momento, la persona más joven en desempeñar ese cargo.

Nos reunimos a la mañana siguiente y Richard preguntó si podía visitar la comunidad para conocer a los niños y compartir su historia con ellos. La solicitud fue recibida con lágrimas de alegría y se hicieron arreglos para la tarde siguiente, viernes, cuando habría una clase de lectura a las 3:00 pm.

El personal local y yo nos apresuramos a informar a los niños y padres que habría una gran sorpresa en Ojalá Niños durante la clase.

A large group of children and parents gathered at the appointed time and waited for the gran sorpresa. Richard arrived with his friend, Bob Connor, and his agent/friend, Alison Granucci. They sat among the wide-eyed audience while Richard talked about his early childhood as a child of Cuban immigrants, his lack of books, his discovery of the world of literature, and becoming a poet.

Ojalá Niños' drawing teacher, Juan Antonio, got up and helped him along to open up comments and questions from the shy children. It was a truly beautiful experience for everyone. That was followed by many hugs, smiles, and photos.

Four Ojalá teenagers who had become passionate stained glass artists were also there. I suggested that the visitors come to their workshop at my house and see some of their work. Each child showed one special piece. Again, among hugs and oohs and aahs, photos were taken.

As Richard, Bob, and Alison reluctantly began to leave, Karen, one of the artists, whispered to me, "May I give him my stained glass piece?"

"Oh, that would be wonderful… and we'll pay you for it," I said, since these children sell their art at a local market to earn money.

"No!" was Karen´s immediate response, with her shoulders lifted in defiance of the suggestion.

A final photo was taken of Richard holding Karen's beautiful stained glass and Karen holding Richard's new book of poetry.

We may never see the blossoms from these planted seeds, but we can surely trust that they will bloom in ways we can't imagine and may never know.

> . . . I should still be eight years old
> dazzled by seashells . . .
>
> Richard Blanco, from *Looking for The Gulf Motel*

Un nutrido grupo de niños y padres se reunieron a la hora señalada y esperaron la gran sorpresa. Richard llegó con su amigo, Bob Connor, y su agente/amiga, Alison Granucci. Se sentaron entre el público con los ojos muy abiertos mientras Richard hablaba de su infancia como hijo de inmigrantes cubanos, su falta de libros, su descubrimiento del mundo de la literatura y cómo se convirtió en poeta.

El profesor de dibujo de Ojalá Niños, Juan Antonio, se levantó y lo ayudó con los comentarios y preguntas de los niños. Fue una experiencia verdaderamente hermosa para todos. A esto le siguieron muchos abrazos, sonrisas y fotografías.

También estuvieron cuatro adolescentes de Ojalá Niños que se habían convertido en apasionados vitralistas. Yo sugerí que los visitantes vinieran a su taller en mi casa y vieran algunos de sus trabajos. Cada niño mostró una pieza especial. Nuevamente, entre abrazos y sorpresa, se tomaron fotos.

Cuando Richard, Bob y Alison comenzaron a irse, Karen, una de las artistas, me susurró: "¿Puedo darle mi vitral?"

"Oh, eso sería maravilloso… y te pagaremos por ello," dije, ya que estos niños vendían su trabajo en un mercado local para ganar dinero.

"¡No!" fue la respuesta inmediata de Karen, con los hombros levantados desafiando la sugerencia.

Se tomó una foto final con Richard sosteniendo el hermoso vitral de Karen y Karen sosteniendo el nuevo libro de poesía de Richard.

Quizás nosotros nunca veamos las flores de estas semillas plantadas, pero seguramente podemos confiar en que florecerán de maneras que no podemos imaginar y que tal vez nunca sepamos.

> . . . Todavía debería tener ocho años
> deslumbrado por las conchas . . .
>
> *Richard Blanco, de Looking for The Gulf Motel*

40

CRISTOBAL · MARATHON RUNNER

Friends from Boston, Tim and Mary Green, came to visit San Miguel in April 2019. They had a friend here that they wanted me to meet—Cristobal "Cris" Tavera, a blind marathon runner who had stayed with them when he ran the Boston marathon several years before. Cristobal lived near me with his wife and three children. He had run marathons in many cities in South America, Mexico, and, of course, Boston.

I'd heard about Cristobal and was excited to meet him. Tim and Mary asked if we could host a dinner for his family at my house. It was a lovely afternoon and we heard amazing stories about Cristobal's adventures as a blind runner. He ran the marathon courses with five different guides changing off during the 26 miles, and his times were always excellent.

We invited him to come back some Wednesday afternoon when we had art classes for all the Ojalá children. We had groups in two locations, one for the little kids and one for the older children. Cristobal came and addressed each group, telling about how he had become blind as a young boy due to a genetic flaw that had also affected his siblings. He talked about his career as a runner, and his

Cristóbal · Corredor de Maratones

Unos amigos de Boston, Tim y Mary Green, vinieron a visitar San Miguel en abril de 2019. Ellos tenían un amigo aquí que querían que conociera: Cristóbal "Cris" Tavera, un corredor de maratón ciego que se había quedado con ellos cuando corría la carrera de Boston varios años atrás. Cristóbal vivía muy cerca de mí con su esposa y sus tres hijos. Él había corrido maratones en muchas ciudades de Sudamérica, México y, por supuesto, Boston.

Yo había oído hablar de Cristóbal y estaba muy emocionada de conocerlo. Tim y Mary me preguntaron si podíamos organizar una cena para su familia en mi casa. Fue una tarde encantadora y escuchamos historias asombrosas sobre las aventuras de Cristóbal como corredor discapacitado. El corrió el maratón con cinco guías diferentes, cambiando cada 26 millas, y sus tiempos siempre fueron excelentes.

Lo invitamos a regresar algún miércoles por la tarde cuando teníamos clases de arte para todos los niños de Ojalá. Teníamos dos grupos, uno para los niños pequeños y otro para los mayores. Cristóbal vino y visitó cada grupo, contándoles cómo se había quedado ciego cuando era niño debido a un defecto genético que también había afectado a sus hermanos. Él les habló sobre su carrera como corredor y su vida como esposo y padre. Los

life as a husband and father. The little kids were the most responsive, asking questions and watching Cristobal with bright faces full of awe.

Then came the unforgettable moments: three small children got up and one by one, asked if they could tell him something. Emmy showed him some plastic medals on a ribbon that she'd won in a race at school. Ian said he wanted to be a runner too. Tiny Alfredo, age four, proudly told Cristobal that he had run a race once. Each time, Cristobal bent his head and listened intently. Then he thanked them and ceremoniously shook their little hands.

niños pequeños fueron los más receptivos, hicieron preguntas y observaron a Cristóbal con sus caritas llenas de asombro.

Luego vinieron los momentos inolvidables: tres niños pequeños se levantaron y uno a uno le preguntaron si podían decirle algo. Emmy le mostró unas medallas de plástico sujetas a una cinta que había ganado en una carrera en el colegio. Ian dijo que él también quería ser corredor. El pequeño Alfredo, de cuatro años, le dijo con orgullo a Cristóbal que una vez había corrido una carrera. Cristóbal inclinaba la cabeza y escuchaba atentamente. Luego les dio las gracias y ceremoniosamente estrechó sus manitas.

A HOUSE FOR THE NOLASCOS
UNA CASA PARA LOS NOLASCOS

41

A House for the Nolascos

A friend of mine had an old van that wasn't running anymore and was going to the scrap yard. But inside it was all intact so she offered to tow it to the rancho and put it on the Nolasco's land so that they'd all have a warmer, more protected place to sleep.

There was a tree at the entrance to the property and barely enough space to get the van in. It took several folks to shove from the front and side to finally squeeze the vehicle onto the land, with lots of scrapes and gouges. We took all the seats out and made a warm, cozy sleeping area that could accommodate the whole family.

There was another NGO, a Non-Governmental Organization like Ojalá Niños, in San Miguel whose mission was to build simple homes for the neediest families. I informed the NGO about this family and they came to investigate their situation. The family only had to produce the original deed with a number that had been recorded in municipal records almost 100 years ago.

A lot of new construction was happening in areas around the rancho. Some would be single-family houses, others were compounds with many homes. Since their father worked nights as a *vigilante* or watchman to protect the building sites, their mother, Lorena, left the children to take food to her husband. She had to walk long

Una Casa para los Nolascos

Un amigo mío tenía una vagoneta vieja que ya no funcionaba y estaba a punto de deshacerse de ella. Pero por dentro estaba todo intacto así que se ofreció a remolcarla al rancho y obsequiársela a los Nolasco para que todos tuvieran un lugar más cálido y protegido para dormir.

Había un árbol en la entrada de la propiedad y apenas había espacio para meter la vagoneta. Fueron necesarias varias personas para lograr meterla en el terreno, finalmente lo lograron. Quitamos todos los asientos e hicimos un área para dormir cálida y acogedora en la que podía acomodarse toda la familia.

Había otra ONG, una Organización No Gubernamental como Ojalá Niños, en San Miguel cuya misión era construir sencillas viviendas para las familias más necesitadas. Informé a la ONG sobre esta familia y vinieron a investigar su situación. La familia solo tuvo que presentar la escritura original de su terreno con un número que constaba en los registros municipales de hace casi 100 años.

Se estaban realizando muchas construcciones nuevas en las áreas alrededor del rancho. Algunas serían casas unifamiliares, otras serían complejos con muchas viviendas. Como el Sr. Nolasco trabajaba por las noches como vigilante para proteger las obras, la madre, Lorena, dejaba a los niños para llevarle comida a su marido. Ella

distances so she didn't return in a few minutes.

One night, before they got the van, it was cold and the children were huddled in their makeshift shelter, trying to keep warm. They lit some matches, intending to build a little fire. There was no electricity, no light.

Nearby was a small plastic bag with papers and a few photos I'd given them. One paper was the faded old deed which proved the land was theirs. Somehow the bag caught fire and the children did their best to stamp it out. Miraculously, that precious piece of paper wasn't completely destroyed. The magic number was still visible.

The Nolasco family got their house.

tenía que caminar una larga distancia por lo que no regresaba pronto.

Una noche, antes de que subieran a la camioneta, hacía frío y los niños estaban acurrucados en su refugio improvisado, tratando de mantenerse calientes. Entonces encendieron algunos cerillos con la intención de hacer una pequeña fogata. No había electricidad ni luz.

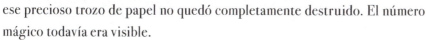

Cerca había una pequeña bolsa de plástico con papeles y algunas fotos que yo les había dado. Dentro estaban las escrituras que demostraban que la tierra era suya. De alguna manera la bolsa se incendió y los niños hicieron todo lo posible para apagarla. Milagrosamente,  ese precioso trozo de papel no quedó completamente destruido. El número mágico todavía era visible.

La familia Nolasco consiguió su casa.

WHAT IS IT ABOUT A FLOOR?

¿QUÉ TIENE UN PISO?

42

What is it About a Floor?

To provide more space for more kids and classes, the program expanded to my neighbor's property nearby. The space was an outdoor area on bare rocky earth.

A few dads had made some wooden tables and benches and we had accumulated donations of art materials, puzzles, books, and games which were piled under plastic sheets to keep the dust down. Sun, wind, or rain were a constant occurrence. Friends offered a huge tent to shelter us, which was wonderful for several months. But over time weather began to destroy the tent also. The children never complained. They came every day, no matter what, and enjoyed all the activities.

One day, a man visiting from Texas came by and was enchanted by the enthusiasm and creativity of the kids. He came again the next day and asked Juana and me how much it would cost to build a floor over the whole area. He said it must be done soon, before the rains came. Juana got busy and called her brother-in-law to ask about the cost of materials and labor.

Juana's brother-in-law came by right away, measured the area, and gave an estimate. He also offered to do the work without pay because he had no other job at the time. We added pay for two helpers. The day after getting the estimate, the man from Texas came by with the money. Over the next two weeks, a beautiful, clean, dry cement floor appeared where once was rocky dusty ground.

We were thrilled by the transformation but had no idea how much it would mean to the children.

As soon as classes resumed, we noticed the children arriving much earlier. They stood outside the gate, waiting

¿Qué Tiene un Piso?

Para brindar espacio para más niños y clases, el programa se expandió a la propiedad cercana de mi vecino. El espacio era un área al aire libre llena de piedras.

Algunos padres habían hecho algunas mesas y bancos de madera y habíamos recibido donaciones de materiales de arte, rompecabezas, libros y juegos que se amontonaban bajo láminas de plástico para protegerlos del polvo y el sol. El sol, el viento o la lluvia eran algo constante. Unos amigos nos ofrecieron una enorme carpa para protegernos, lo cual fue maravilloso durante varios meses. Pero con el tiempo el clima también empezó a destruir la carpa. Los niños nunca se quejaron. Vinieron todos los días, sin importar qué, y disfrutaron de todas las actividades.

Un día, vino un hombre de Texas y quedó encantado con el entusiasmo y la creatividad de los niños. Volvió al día siguiente y nos preguntó a Juana y a mí cuánto costaría poner piso en esa área. Él dijo que habría que hacerlo pronto, antes de que llegaran las lluvias. Juana se puso a trabajar y llamó a su cuñado para preguntarle sobre el costo de materiales y mano de obra.

Enseguida vino el cuñado de Juana, midió el área y dio un presupuesto. También se ofreció a hacer el trabajo sin paga porque no tenía trabajo en ese momento. Agregamos el pago para dos ayudantes. Al día siguiente de recibir el presupuesto, el hombre de Texas vino con el dinero. Durante las siguientes dos semanas, apareció un hermoso, limpio y seco piso de cemento donde antes había un suelo rocoso y polvoriento.

Estábamos todos emocionados por la transformación, pero no teníamos idea de lo mucho que significaría para los niños.

Tan pronto como se reanudaron las clases, notamos que los niños llegaban mucho antes. Se quedaban afuera

for Juana to open. A brave child pushed gently on the gate and tip-toed inside. Several others followed, quietly. They went to the materials, got a book or game, and sat on the floor.

The class happened on time as usual, but when it was over, the children didn't leave. They helped Juana put the class materials away, then picked out other things—and again, sat down on the floor in pairs or small groups, playing a game or reading a book. The children were always careful to be well-behaved.

We just watched, observing a kind of "daycare" totally organized and managed by the children! What is it about a floor? A floor is very important when you have never had one—indeed!

de la puerta, esperando que Juana abriera. Un niño se armó de valor y empujó suavemente la puerta y entró de puntillas. Varios otros lo siguieron en silencio. Fueron a los materiales, cogieron un libro o un juego y se sentaron en el suelo.

La clase transcurrió puntualmente como siempre, pero cuando terminó, los niños no se fueron. Ayudaron a Juana a guardar los materiales de la clase, luego escogieron otras cosas y nuevamente se sentaron en el suelo en parejas o en grupos pequeños, jugando o leyendo un libro. Los niños siempre tenían cuidado de portarse bien.

¡Nosotros simplemente mirábamos, observamos una especie de "guardería" totalmente organizada y administrada por los niños! ¿Qué tiene de especial un piso? Un piso es muy importante cuando nunca has tenido uno, ¡verdaderamente!

A VISIT FROM 'THOSE PEOPLE'
UNA VISITA DE 'ESAS PERSONAS'

43

A Visit from 'Those People'

It was a normal afternoon. The children were flowing through the gate, going to their classes, with their usual air of excitement. I noticed a group of women standing outside, watching the activity. I invited them into the patio and they introduced themselves.

They were all Mexican, three adult women who said they were the mother, grandmother, and aunt of the three young women, probably in their teens... Hanna, Perla, and Mara. They apologized for just dropping by but explained that they had heard about this program for these children in this place and wanted their girls to meet the children and learn something about their lives and circumstances.

This was no longer a normal afternoon!

I was facing an extraordinary opportunity that I couldn't have imagined. I'd lived in Mexico, especially in this rural area, long enough to know about the great divide between those privileged, educated, non-indigenous people and all the "others." Over and over again I'd get blank stares from "those people" whenever I told them something about the daily reality of my neighbors. They didn't know anything about them, had never thought about them, had never seen them. Most of the time, their response was, "*¿Verdad?* (Truly?)" Nothing more. They couldn't fathom a reason to care about or learn about the majority of their country's population!

And on this day, "those people" walked through my gate and asked to meet our kids! We visited all the classes. The girls interacted with the kids, and everyone was open and smiling.

It is to wonder... the girls had never been this close to these kinds of children; the children had never been this close to these kinds of people. The whole experience was joyful for everyone. The visitors gave me heartfelt thanks and left us to our normal day.

For a long time, I'd been concerned about Mexico's relationship to the real story of its history and its present population. The next day I sat down to write a special thank you to the girls.

It was my heartfelt appeal to the young people of Mexico to find the best in their amazing country; to work for an inclusive cultural shift; and most of all, to learn about, and from, their own people.

Una Visita de 'Esas Personas'

Era una tarde normal. Los niños atravesaban la puerta, yendo a sus clases, con su habitual aire de emoción. Noté que había un grupo de mujeres paradas afuera, observando la actividad. Yo las invité al patio y entraron.

Todas eran mexicanas, tres mujeres adultas que dijeron ser madre, abuela y tía de las tres jóvenes, probablemente adolescentes Hanna, Perla y Mara. Ellas se disculparon por llegar sin aviso, pero me explicaron que habían oído hablar de nuestro programa para niños y querían que sus niñas los conocieran y aprendieran algo sobre sus vidas y circunstancias.

¡Esta ya no era una tarde normal!

De pronto yo tenía en mis manos una oportunidad extraordinaria que no podría haber imaginado. Había vivido en México, especialmente en esta zona rural el tiempo suficiente para conocer la gran división entre las personas privilegiadas, educadas y no indígenas y todos los "otros". Una y otra vez yo recibía miradas de asombro de "esa gente" cada vez que les contaba algo sobre la realidad de mis vecinos. No sabían nada sobre ellos, nunca habían pensado en ellos, nunca los habían visto. La mayoría de las veces su respuesta fue: "¿En serio?" Nada más. ¡No podían imaginar una razón para preocuparse o aprender sobre la mayoría de la población de su país!

¡Y ese día, "esa gente" cruzó mi puerta y pidió conocer a nuestros niños! Visitamos todas las clases. Las niñas interactuaron con los niños y todos estaban dispuestos y sonriendo.

Las niñas nunca habían estado tan cerca de este tipo de niños; Los niños nunca habían estado tan cerca de este tipo de personas. La experiencia fue alegre y enriquecedora para todos. Los visitantes me dieron las gracias de todo corazón y nosotros continuamos con nuestro día normal.

Durante mucho tiempo me había preocupado la relación de México con su historia y su población actual. Al día siguiente me senté a escribir un agradecimiento especial a las chicas.

Fue mi más sincero llamado a los jóvenes de México para que hicieran algo por su maravilloso país; trabajar por un cambio cultural inclusivo; y, sobre todo, aprender sobre y de su propia gente

Christmas for Ojalá Niños

What is a Posada?

In Mexico, beginning on December 16th, it is traditional in families, neighborhoods, and towns to reenact the days when Mary and Joseph came to the overcrowded town of Bethlehem to pay their taxes. Mary was about to give birth and they couldn't find a place to stay. All of the *posadas* (inns) were full. It's a drag when we don't make reservations on time!

So, Mary and Joseph went from house to house, asking for shelter. Finally, a family gave them the area out back where the animals slept—the manger, a shelter with a floor of straw.

Here in today's world, there's a song sung by groups of people going from house to house in a neighborhood; the main verse is the plea from Mary and Joseph for shelter. The following verses are the various answers from the residents of the houses, all some form of "go away, there's no room here." When Mary and Joseph finally arrive at a home where they are invited to stay, the last verses of the song are sung and everyone comes into the house for something to eat and drink.

Navidad para Ojalá Niños

¿Qué es una Posada?

En México, a partir del 16 de diciembre, es tradicional en familias, barrios y pueblos recrear los días en que María y José llegaron al pueblo de Belén. María estaba a punto de dar a luz y ellos no encontraban dónde quedarse. Todas las posadas estaban llenas. ¡Es un fastidio cuando no hacemos las reservaciones a tiempo!

Entonces María y José fueron de casa en casa pidiendo refugio. Finalmente, una familia les cedió el área trasera donde dormían los animales: el pesebre, un refugio con piso de paja.

En la actualidad, hay una canción que canta la gente que va de casa en casa en los barrios; el verso principal es la súplica de María y José pidiendo refugio. Los siguientes versos son las diversas respuestas de los vecinos de las casas, todas en alguna forma de "vete que aquí no hay lugar." Cuando María y José finalmente llegan a una casa donde son invitados a quedarse, se cantan los últimos versos de la canción y todos entran a la casa para comer y beber algo.

At Ojalá Niños, before December 25th, we offer our version of the Posada—a gathering of all the families. We sing, eat, offer gifts to the mothers, and acknowledge the wonderful progress of our kids. We generally celebrate our community.

The program staff works for weeks to put it all together. The decorations had been made by the little kids in their art classes, from recycled materials. Even the four huge piñatas are made by the children.

Mothers provide a banquet buffet of delicious food that leaves no one hungry. One family brings an enormous pot of *posole* (stew). There are enough tables, beautifully covered with colorful cloth and *nochebuena* (poinsettia) plants, benches, and stools for everyone.

Ojalá Niños is a Styrofoam-free zone, so we have lots of washable plates, bowls, and cups. But for really big events like this, the families also bring their own washable dishes. Environmental consciousness is a big part of the Ojalá program.

One year, two wonderful knitters, Michele Delong from Canada and Cherrilla Brown from Connecticut, donated hundreds of beautiful knit hats—no two alike! Every head received a warm, cozy hat—even the littlest ones in arms and our beloved rancho abuela, Doña Natalia, who thinks she has over 50 grandchildren and 26 great-grandchildren. Two of her granddaughters are now teaching literacy to Ojalá little kids two afternoons a week.

There is a delightful raffle event for several donated gifts and all the noche buena plants from the tables. Every mother and child receives a gift bag as they leave.

En Ojalá Niños, antes del 25 de diciembre, hacemos nuestra versión de la Posada, una reunión de todas las familias. Cantamos, comemos, ofrecemos regalos a las madres y reconocemos el maravilloso progreso de nuestros niños. Generalmente celebramos en nuestra comunidad.

El personal del programa trabaja durante semanas para organizarlo todo. Las decoraciones son hechas por los niños pequeños en sus clases de arte, a partir de materiales reciclados. Incluso las cuatro enormes piñatas las hacen los niños.

Las madres ofrecen un banquete tipo buffet con deliciosa comida que no deja a nadie con hambre. Una familia normalmente trae una enorme olla de pozole. Hay suficientes mesas, bellamente cubiertas con telas coloridas y plantas de nochebuena, bancos y sillas para todos.

Ojalá Niños es una zona libre de poliestireno, por lo que tenemos muchos platos, tazones y tazas lavables. Pero para eventos realmente importantes como este, las familias también traen su propia vajilla. La conciencia ambiental es una gran parte del programa Ojalá niños.

Un año, dos maravillosas tejedoras, Michelle Delong de Canadá y Cherrilla Brown de Connecticut, donaron cientos de hermosos gorros tejidos: ¡no había dos iguales! Cada persona recibió un gorro cálido y acogedor, incluso los más pequeños de brazos y nuestra querida abuela ranchera, Doña Natalia, quien dice tener más de 50 nietos y 26 bisnietos. Dos de sus nietas ahora están alfabetizando a los niños pequeños de Ojalá niños dos tardes a la semana.

Nosotros hacemos una gran rifa de varios obsequios donados para la comunidad y de todas las plantas de noche buena de las mesas. Cada madre y su hijo reciben una bolsa de regalo al salir.

What is el Día de Reyes?

In Mexico, children receive their holiday gifts on January 6th, which is known as el *Día de Reyes* (Day of the Kings). It's said that *Tres Reyes* (Three Kings) in faraway places saw the star in the east when Jesus was born and traveled for two weeks to visit him and bring gifts.

At Ojalá Niños, three men dress up as the Tres Reyes and pass out a special gift to each child, followed by a party. It's a truly exciting time for all the children.

One year I received a donation of many adorable stuffed animals for all the younger kids. The older kids got other things. But when everybody opened their gifts, the older ones looked longingly at the sweet stuffed toys and one said, "Why didn't I get one of those?"

We're never too old to hug something soft.

¿Qué es el Día de Reyes?

En México, la mayoría de los niños reciben sus regalos navideños el 6 de enero, fecha conocida como el Día de Reyes. Se dice que Tres Reyes de lugares lejanos vieron la estrella en el oriente cuando nació Jesús y viajaron durante dos semanas para visitarlo y llevarle regalos.

En Ojalá Niños, tres hombres se disfrazan de Reyes magos y reparten un regalo especial a cada niño, seguido de una fiesta. Este es un momento verdaderamente emocionante para todos los niños.

Un año recibí la donación de muchos muñecos de peluche para los niños más pequeños. Los niños mayores obtuvieron otras cosas. Pero cuando todos abrieron sus regalos, los mayores miraron con nostalgia los dulces peluches y uno dijo: "¿Por qué no yo recibí uno de esos?"

Nunca somos demasiado mayores para abrazar algo suave.

Literacy or Sheep

The Literary Sala is an organization in San Miguel de Allende which, in addition to sponsoring the Writers' Conference, has provided many special opportunities for poets and authors to share their work with local audiences. It also has outreach to nearby rural communities to encourage literacy among children and adults who've had little to no access to books.

One summer there was a two-week-long daily writing workshop for children ages ten to twelve. I was invited to send five girls and five boys from the Ojalá Niños program.

Our kids were always up for something new, especially when it meant a trip outside the rancho. The classes were held in town at the historic colonial Bellas Artes building which has murals by famous artists, a spectacular garden plaza in the middle surrounded by galleries and rooms for many types of classes. There is a second level with more galleries and classrooms, and a large theater for concerts, lectures, and plays. It was inspiring just to be there.

Every morning the Ojalá kids met in front of my house at 9:30 am for their ride to Bellas Artes. The classes were two hours long. Each day the children came back out to the van, clearly excited about their experiences.

Their teacher gave them prompts for stories and instructions for good writing techniques. This was a whole new world of exploration and discovery for them, with long-lasting possibilities for future creativity. As adults, we'll never know what childhood moment, what experience, or what sensory event will become a major future consequence in life. To offer opportunities and to allow children to embrace those opportunities is the best we can do.

Educado o Borregos

La Sala Literaria es una organización de San Miguel de Allende, que además de patrocinar el Congreso de Escritores, ha brindado muchas oportunidades especiales para que poetas y autores compartan su trabajo con el público local. También llega a comunidades rurales cercanas para fomentar la alfabetización entre niños y adultos que han tenido poco o ningún acceso a los libros.

Un verano hubo un taller de escritura de dos semanas de duración para niños de diez a doce años. Me invitaron a enviar cinco chicas y cinco chicos del programa Ojalá Niños.

Nuestros niños siempre estaban dispuestos a algo nuevo, especialmente cuando se trataba de un viaje fuera del rancho. Las clases se llevaron a cabo en el histórico edificio colonial de Bellas Artes que cuenta con grandes murales de artistas famosos y una espectacular plaza con jardines en el medio rodeada de galerías y salones para diferentes tipos de clases. Hay un segundo nivel con más galerías y aulas, y un gran teatro para conciertos, conferencias y obras de teatro. Fue inspirador simplemente estar allí.

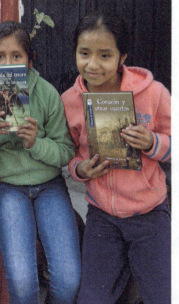

Todas las mañanas los chicos de Ojalá niños se reunían frente a mi casa a las 9:30 am para su viaje a Bellas Artes. Las clases duraban dos horas. Cada día los niños regresaban claramente entusiasmados con sus experiencias.

Su maestra les dio indicaciones para escribir historias e instrucciones sobre técnicas de escritura. Para ellos, este era un mundo completamente nuevo de exploración y descubrimiento, con posibilidades duraderas para la creatividad futura. Como adultos, nunca sabremos qué momento de la infancia, qué experiencia o qué evento sensorial se convertirá en una consecuencia importante en la vida. Ofrecer oportunidades y permitir que los niños las aprovechen es lo mejor que podemos hacer.

In our group were two sisters from a large family who excelled in their writing. They were also two girls who absolutely refused to go to school! Somehow they'd learned to read and write, probably from older siblings and occasional school days, but they were without a doubt very intelligent.

The parents didn't encourage them very much because their help was useful for the family's activities. Their family was one of several families who collectively owned two herds of sheep and goats. Every family member who was old enough took a turn herding the sheep in the nearby fields and meadows. I often enjoyed hearing them in their pens, and then seeing them pass my house on their way to grazing for the day.

The following summer the Literary Sala offered the same writing classes, and again, invited me to send our children. They remembered our two special girls and hoped they'd come for a second year. When I gave the girls the news and information, they were enthusiastic.

The first day came, but no girls. They lived close by, around the corner, so I ran to their place. They were outside, heads down, shoulders slumped, with sad faces.

I said, "Come on! It's time. What's up?"

"We can't go. It's our turn to watch the sheep."

En nuestro grupo había dos hermanas de una familia numerosa que sobresalían en sus escritos. ¡También eran dos niñas que se negaban rotundamente a ir a la escuela! De alguna manera ellas habían aprendido a leer y escribir, probablemente gracias a sus hermanos mayores y a sus ocasionales días escolares, pero sin duda eran muy inteligentes.

Los padres no las animaron mucho porque su ayuda era útil para las actividades de la familia. Su familia era una de varias familias que colectivamente poseían dos rebaños de ovejas y cabras. Cada miembro de la familia que tenía edad suficiente se turnaba para pastorear las ovejas en los campos y prados cercanos. A menudo yo disfrutaba escuchándolos en sus corrales y luego viéndolos pasar por mi casa en camino a pastar durante el día.

El verano siguiente, la Sala Literaria ofreció las mismas clases de escritura y nuevamente me invitó a enviar a nuestros niños. Se acordaban de nuestras dos chicas especiales y esperaban que ellas vinieran por segundo año. Cuando les di a las niñas la noticia y la información, se mostraron entusiasmadas.

Llegó el primer día, pero no había chicas. Vivían cerca, a la vuelta de la esquina, así que corrí a su casa. Estaban afuera, con la cabeza gacha, los hombros caídos y caras tristes.

Dije: "¡Vámonos! Es la hora. ¿Qué pasa?"

"No podemos ir. Es nuestro turno de cuidar las borregos."

Meeting the Yale Symphony

Yale University has the only school of music among the Ivy League schools. The Yale School of Music, with a full staff of professors of music, is known around the world for its performances and scholarship.

The Yale Symphony planned a tour of Mexico in 2023, to include a concert in San Miguel de Allende. Not surprisingly, the folks who had organized that Yale Glee Club tour told this year's organizers about Ojalá Niños—and what a special experience it was.

In early February I got a phone call from a gentleman in Mexico City who was organizing for the symphony, asking if we would host them for a concert in San Miguel Viejo on March 17th. Of course we would!

The conductor of the symphony asked if our children could sing some of their songs accompanied by the orchestra. Of course they could!

This meant choosing the songs and writing scores for the orchestra—a big undertaking in a very short time. Rossana was the director of our little singing group and I played the keyboard. We gathered more kids, learned the songs, got the scores written and sent off—and waited for the big day.

Conociendo a la Sinfónica de Yale

La Universidad de Yale tiene la única escuela de música entre las escuelas de la Ivy League. La Escuela de Música de Yale, con un equipo completo de profesores de música, es conocida en todo el mundo por sus actuaciones y su erudición.

La Sinfónica de Yale planeó una gira por México en 2023, la cual incluiría un concierto en San Miguel de Allende. No es sorprendente que las personas que habían organizado la gira del Yale Glee Club les contaran a los organizadores de este año sobre mi tan amado Ojalá Niños.

A principios de febrero recibí una llamada telefónica de un caballero en la Ciudad de México que estaba organizando a la sinfónica, preguntándome si nosotros podíamos recibirlos para un concierto en San Miguel Viejo el 17 de marzo. ¡Por supuesto que lo haríamos!

El director de la sinfónica preguntó si nuestros niños podían cantar algunas de sus canciones acompañados por la orquesta. ¡Por supuesto que podrían!

Esto significó elegir las canciones y escribir partituras para la orquesta, una gran tarea en muy poco tiempo. Rossana era la directora de nuestro pequeño grupo de canto y yo tocaba el teclado. Reunimos a más niños, aprendimos las canciones, escribimos las partituras, las enviamos, y esperamos el gran día.

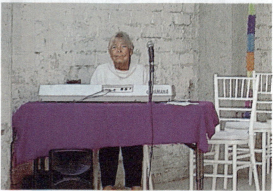

This turned out to be a more complicated effort than the Glee Club, which had two buses just for singers. The symphony had two buses for players and another bus just for instruments. Singers standing didn't take up a lot of space. A symphony needed chairs, music stands and space between players. If the symphony was set up at the chapel, there would be no room for the audience. Then there was concern about the string and woodwind instruments being outside. Lots of phone calls and emails about this dilemma ensued. There seemed to be no suitable venue in our dusty village.

Ojalá Niños was in the process of building on their piece of land next to my house. In the back of the property, they'd built a covered stage. It wasn't big enough for 77 players, chairs, and music stands, but we did our best to accommodate most of the musicians.

I was at my keyboard on the corner of the stage, the singing children were all lined up and ready, the audience was arriving. Finally the gate opened and 77 musicians walked in one by one with their instruments. The audience stood up and applauded for the time it took for them to assemble on the stage. The conductor raised his baton

Resultó ser un esfuerzo más complicado de lo que yo pensaba, la sinfónica tenía dos autobuses para intérpretes y otro autobús solo para los instrumentos. Los cantantes no ocupaban mucho espacio, pero una sinfónica necesitaba sillas, atriles y espacio entre los músicos. Si la sinfónica se instalaba en la capilla, no habría lugar para el público. Luego surgió una gran preocupación por el hecho de que los instrumentos de cuerda y de viento estuvieran a la intemperie. Siguieron muchas llamadas telefónicas y correos electrónicos sobre este dilema. Parecía que no había ningún lugar adecuado en nuestro polvoriento pueblo.

Ojalá Niños estaba en proceso de construcción en el terreno al lado de mi casa. En la parte trasera de la propiedad, habían construido un escenario techado. No era lo suficientemente grande para 77 músicos, sillas y atriles, pero hicimos todo lo posible para acomodar a la mayoría de los músicos.

Yo estaba frente a mi teclado en la esquina del escenario, los niños cantantes estaban todos alineados y listos, el público estaba llegando. Finalmente se abrió la puerta y entraron 77 músicos uno por uno con sus instrumentos. El público se puso de pie y aplaudió todo el tiempo que tardaron en acomodarse en el escenario. El director levantó su batuta y una vez más, el pueblo de San

and once again, the village of San Miguel Viejo was filled with glorious music. The children were in awe of what they were hearing.

One member of each instrumental section came up front and demonstrated his instrument. Then two or three or four different instruments briefly played together. The whole orchestra played several amazing pieces.

I sat in my corner and cried with overwhelming emotion about what was happening. The children stood up and sang their songs with the orchestra behind them.

An event like this can't be planned or even imagined by us mere mortals. An event like this is given to us as a reminder that we can be the bearers of truth and beauty during our brief stay.

Miguel Viejo se llenó de una gloriosa y bella música. Los niños quedaron asombrados por lo que estaban escuchando.

Un miembro de cada sección instrumental pasó al frente e hizo una demostración con su instrumento. Luego, dos, tres o cuatro instrumentos diferentes tocaron juntos brevemente. Toda la orquesta tocó varias sorprendentes piezas.

Yo me senté en mi rincón y lloré con una emoción abrumadora por lo que estaba pasando. Los niños se pusieron de pie y cantaron sus canciones con la orquesta detrás de ellos.

Un evento como este no puede ser planeado ni siquiera imaginado por nosotros, simples mortales. Un evento como este se nos presenta como un recordatorio de que podemos ser portadores de la verdad y la belleza durante nuestra breve estadía en este mundo.

Maestra, Remember Me?

It had been a busy day and I still needed to pick up my Peluche at the vet. I got there just before closing time and there was a young woman behind the counter whom I'd never seen before.

I asked her name, "Alejandra."

She spoke to me shyly in English and seemed to be looking at me with a particular interest. My little dog, Peluche, came out, all clean and clipped and a bundle of happy wiggles.

Peluche is the Spanish word for a stuffed toy (like a teddy bear) and wherever she goes, she inspires smiles and aahs and hugs. No one ever wonders if she might be skittish or mean. Alejandra and I couldn't help but giggle, as she picked up Peluche for a hug. The moment was like a deep breath after a long day.

I paid the bill, thanked Alejandra, and turned to leave. I heard her soft voice say, "Maestra, remember me?"

This was not the first time I'd heard those words, but they never ceased to produce warm shivers.

I walked back to the counter. Alejandra smiled and told me she'd been in my children's choir for three years when she was nine, ten, and eleven years old. She told me singing had been her favorite thing.

She said she loved music and wished she could still be in a choir. She explained that she was in college, studying to be a teacher, which was why she had this job late in the day. She said she felt sad because there was no choir at her school.

It had taken about two minutes for her to tell this story and by then we were both in tears.

Maestra, ¿Se Acuerda de Mí?

Había sido un día ajetreado y Yo todavía necesitaba recoger a mi perrito Peluche en el veterinario. Llegué justo antes de la hora de cerrar y había una mujer joven detrás del mostrador a quien yo nunca había visto antes.

Le pregunté su nombre, "Alejandra" ella me contesto.

Ella me habló tímidamente en inglés y parecía mirarme con especial interés. Mi perrito, Peluche, salió, todo limpio, peinado y meneándose de felicidad.

Peluche es la palabra española para un juguete de felpa y donde quiera que vaya, inspira sonrisas, exclamaciones y abrazos. Nadie se pregunta nunca si podría ser asustadizo o malo. Alejandra y yo no pudimos evitar reírnos mientras ella tomaba a Peluche para abrazarlo. El momento fue como un respiro profundo después de un largo día.

Yo pagué la cuenta, le agradecí a Alejandra y me di la vuelta para irme. Entonces escuché su suave voz decir: "Maestra, ¿me recuerdas?"

Esta no era la primera vez que escuchaba esas palabras, pero nunca dejaron de producirme escalofríos.

Regresé al mostrador. Alejandra sonrió y me dijo que había estado en el coro de mis niños durante tres años cuando ella tenía nueve, diez y once años. Ella me dijo que cantar había sido lo que más le gustaba en la vida.

Me dijo que amaba la música y que ella deseaba poder seguir en un coro. Explicó que estaba en la universidad, estudiando para ser maestra, razón por la cual tenía este trabajo. Dijo que se sentía triste porque no había coro en su escuela.

Le habría tomado solo unos dos minutos contar esta historia y para entonces ambas estábamos llorando.

A Song Behind a Door

I was walking along a street with lots of small shops. I heard a beautiful child's voice singing a familiar song. The door was half open so I looked in.

A little boy was sitting at a table in the back of the shop playing with some toys and singing.

His mother rushed toward me and said those familiar words: "Maestra, I was in your choir years ago. My son sings because of you."

Ojalá Song

We are the children of Ojalá...
We are the children of Ojalá!

We paint, we plant, we read and help,
We sing, we dance and we celebrate.
We find the good and praise it,
We hold onto what is good!

We are the children of Ojalá...
We are the children of O-ja-lá!

Una Canción Atrás de una Puerta

Yo estaba caminando por una calle llena de hermosas tiendas pequeñas cuando de repente escuché la hermosa voz de un niño cantando una canción que me resulto muy familiar. La puerta estaba entreabierta así que yo miré hacia adentro.

Un niño pequeño estaba sentado en una mesa en la parte trasera de la tienda jugando con algunos juguetes y cantando.

Su madre corrió hacia mí y dijo esas palabras tan familiares: "Maestra, estuve en su coro hace años. Mi hijo canta gracias a ti."

Canción de Ojalá

Somos los niños de Ojalá…
Somos los niños de Ojalá!

Pintamos, plantamos, leemos y ayudamos,
Cantamos, bailamos y celebramos,
Encontramos lo bueno y lo aplaudimos,
Y nos quedamos con todo lo bueno!

Somos los niños de Ojalá…
Somos los niños de O-ja-lá!

Acknowledgments

A heartfelt thank you goes out to the following individuals who have contributed or helped in any significant way during the creation of both Ojalá Niños and this book, *It is to Wonder*. Both would have been poorer efforts without their support.

To my family—for always believing in me and encouraging me when I lost hope. I am truly blessed with a large and supportive family; my children Lori, Ellen and spouse Alex, Svea, Jeremiah and spouse Jill; grandchildren Soren, Sierra, Adley, Julia, RJ and spouse Amber; and great-grandchildren Celeste, Renee, and Jacob.

To my Ojalá Team, the amazing, energetic, dedicated, and indispensable souls who became involved with the project to organize, teach, and so much more:

> Veronica "Vero" Trejo Ramírez... my neighbor; the first to invite me to her house for dinner. Her two daughters hadn't joined the kids who were coming to my house, but eventually wanted to. Vero became involved and began holding classes at her house when the program got big. She remained an indispensable partner for the rest of my years in the community.
>
> Ofelia Esquivel Arteaga... an amazing teacher of literacy, who shared the gift of learning to read and write with our youngest children. We have also been part of each other's family for 25 years and thank her for being one of the best teachers who loved being with the children.
>
> Betty Best López... once in a while someone comes along who has the special energy and devotion that becomes the glue to bind the activities of an organization into a cohesive whole. Betty came to Ojalá Niños in 2013, wanting to volunteer. She always said, "Oh I'm not good at that," then proceeded to do it. This continued until Betty became the administrator. She doesn't ever walk—only runs—and produces whatever is next... with a smile. Betty is truly the best!
>
> Alma Samano Gonzáles... who came to Ojala Niños as a young mother of baby Miranda, and grew with the program for the next 14 years to become an invaluable staff member and teacher of art.

To the many volunteers at Ojalá Niños—*all angels without pay*—who always always seemed to show up just when needed, to provide inspiration and opportunity. For almost 14 years the students of Ojalá were blessed with the

Agradecimientos

Un sincero agradecimiento a las siguientes personas que han contribuido o ayudado de manera significativa durante la creación tanto de Ojalá Niños como de este libro *Es para Maravillarse*. Ambos no hubieran resultado tan bien sin su apoyo.

A mi familia, por creer siempre en mí y animarme cuando perdí la esperanza. Realmente estoy bendecida con una familia numerosa y solidaria; mis hijos Lori, Ellen y su esposa Alex, Svea, Jeremiah y su esposa Jill; nietos Soren, Sierra, Adley, Julia, RJ y su esposa Amber; y bisnietos Celeste, Renee y Jacob.

A mi equipo de Ojalá niños, personas increíbles, llenas de energía, dedicadas e indispensables quienes se involucraron con el proyecto para organizar, enseñar y mucho más:

> Veronica "Vero" Trejo Ramirez... mi vecina; la primera en invitarme a su casa a cenar. Sus dos hijas, que en un principio no se habrían unido a los niños que venían a mi casa, pero finalmente quisieron hacerlo. Vero se involucró y comenzó a ofrecer clases en su casa cuando el programa creció. Ella siguió siendo una indispensable compañera por el resto de mis años en la comunidad.

> Ofelia Esquivel Arteaga... una increíble maestra de literatura, que compartió el don de enseñarles a leer y escribir a nuestros niños más pequeños. También por hacerme parte de su familia y ser parte de la mía durante 25 años. Quiero agradecerle también por ser una de las mejores maestras y por tanto amar el estar con los niños.

> Betty Best López... En muy contadas ocasiones viene alguien que tiene una especial energía y devoción, la cual se convierte en el pegamento que une las actividades de una organización en un todo. Betty llegó a Ojalá Niños en 2013, queriendo ser voluntaria. Ella siempre decía: "Oh, no soy buena en eso", y luego procedía a hacerlo. Esto continuó hasta que Betty se convirtió en la administradora. Ella nunca camina, sólocorre y produce lo que sigue con una sonrisa. ¡Betty es realmente la mejor!

> Alma Samano Gonzáles... quien llegó a Ojalá Niños como una joven madre de la bebé Miranda, y creció con el programa durante 14 años para convertirse en un miembro invaluable del personal y profesora de arte.

A los muchos voluntarios de Ojalá Niños—*todos ángeles sin paga*—que siempre, siempre aparecían justo cuando era necesario, para brindar inspiración y oportunidades. Por casi 14 años los alumnos de Ojalá fueron bendeci-

constant arrival of these angels. Our children benefitted with new skills, a new sense of self in their world, and empowerment for their future:

Felipe Suárez... built a loom, taught the children how to prepare the wool, weave, and create beautiful items. Rain or shine, he came from town to Ojalá Niños on his bicycle.

Gay Beatie... a winter visitor who, while staying at a bed & breakfast in SMA, heard about Ojalá Niños and came out to volunteer. She spread the word to others, who also came and brought wonderful experiences to the children.

Natalie Bartholet... a supporter in many ways, who took on the challenge of teaching a special art class to several boys who disrupted any other class. They enjoyed their time with Natalie, became focused on their work, and were ultimately amazed at and proud of the art they produced.

Glenn Baron... drove from North Carolina with a group of friends who had filled several very large containers with hundreds of new books for children of all ages. They rented a vehicle big enough for all of them and the containers, then went to several rural communities delivering boxes of books. Glenn and I met, and his group came to Ojalá for several years. Thanks to them, we have a fine library.

Azur Lee... a special education teacher from Washington DC, who came for a summer and inspired all of the children by playing her violin in the meadow every night. Every day the children came to my gate, calling for her. Her art classes were filled with excited children.

Vickie Hengst... who came for the summer before college, and taught the children running and kayaking, and being an inspiration, as a young person who could do many fun things.

Susana Reyes... who helped to organize the *Girl's Orphanage Choir*.

Tom Frazee... a master of stained glass in cathedrals, who taught our children to make beautiful windows

Pinky Brier... the 'cookie queen,' who made amazing cookies with all of the kids

Elisa González... who taught music and math to the younger children

Chris Weathers and Linda Van Doren... for teaching the most sought-after art class for two years and producing two artwalks, which were well-attended and, during which, many pieces of the children's art were sold

dos con la llegada constante de estos ángeles. Nuestros niños se beneficiaron con nuevas habilidades, una nueva perspectiva de sí mismos en el mundo y también con empoderamiento para su futuro:

Felipe Suárez... quien construyó un telar, enseñó a los niños a preparar la lana, tejer y crear hermosos artículos. Lloviendo o con sol, siempre llego en su bicicleta desde el pueblo a Ojalá Niños.

Gay Beatie... una visitante invernal que, durante su estancia en un B&B en SMA, escuchó sobre Ojalá Niños y vino a ofrecerse como voluntaria. Ella corrió la voz a otros visitantes, que también vinieron y trajeron maravillosas experiencias a los niños.

Natalie Bartholet... una defensora en muchos sentidos, que asumió el desafío de impartir una clase especial de arte a varios niños que interrumpían cualquier otra asignatura. Ellos disfrutaron su tiempo con Natalie, se concentraron en su trabajo y se sintieron finalmente, asombrados y orgullosos del arte que produjeron.

Glenn Baron... quien condujo desde Carolina del Norte con un grupo de amigos quienes llenaron varios contenedores enormes con cientos de libros nuevos para niños de todas las edades. Ellos alquilaron un vehículo lo suficientemente grande para todos ellos y los contenedores, luego fueron a varias comunidades rurales entregando cajas de libros. Glenn y yo nos conocimos y su grupo visitó a Ojalá niños por varios años. Gracias a ellos tenemos una buena biblioteca.

Azur Lee... una maestra de educación especial de Washington DC, que vino por un verano e inspiró a todos los niños tocando su violín en el campo cada noche. Todos los días los niños llegaban a mi puerta buscándola. sus clases de arte estaban llenas de niños emocionados

Vickie Hengst... quien vino durante el verano antes de ingresar a la universidad y enseñó a los niños a correr y hacer kayak. Siendo una inspiración y siendo una persona joven, ella pudo hacer muchas cosas divertidas con ellos.

Susana Reyes... quien ayudó a organizar el *Coro del Orfanato de Niñas*.

Tom Frazee... un maestro del vitral especializado en catedrales, quien enseñó a nuestros niños a hacer hermosos vitrales.

Pinky Brier... la "reina de las galletas," quien hizo galletas increíbles con todos los niños.

Elisa González... quien enseñó música y matemáticas a los niños más pequeños.

Chris Weathers y Linda Van Doren... por impartir la clase de arte más buscada durante dos años

Seena, Tony, Gael, Mateo, and Bella Benavides… the family from California who brought six suitcases full of supplies for our kids, all purchased with funds raised by Seena's 4th grade students during the school year in California.

Roberta Norris… who taught miniatures as art, resulting in the creation, by the children, of 29 miniatures over two years. Shoeboxes became an art gallery, a market, a library, an ice cream shop, and many more beautiful works.

Bonnie Lee Black… and her puppets, which were funny characters that delivered messages on various topics, and delighted the children.

Cathy Taylor… for instructing the children in the magic of alcohol ink painting

Penny Scriber… for teaching the drawing and painting of the bodies of horses

Ethan Feldman… who, in his incredible space called the *Nautilus Chamber*, teaches slacklining—a sport and art for balance training, recreation, and moving meditation—as well as free form dancing, and the basics of salsa, bachata, waltz, folkdance, and hiphop.

Colleen Sorenson… for teaching the kids the concept of murals as public art, and for almost single-handedly making it possible for many talented, experienced muralists from around the world to come to San Miguel de Allende to create their art.

Tony and Nana Horton… Tony is a tennis pro who has taught tennis to children in many countries. Upon discovering Ojalá Niños, he set up a portable net at Veronica's house and began sharing his passion with the kids here.

Barry Annino… who came from Dallas to donate new tennis racquets, work with the local government sports center to add tennis courts and organize a tennis camp, and teach the basics of tennis to 40 very happy children of Ojalá Niños.

Debora Annino… who, along with husband Barry, offered to finish paying the cost of the land next to my house, which became a community center and additional learning spaces for Ojala Niños. Debora and Barry also created a new foundation called *Little Things Matter*, dedicated to the funding of projects to benefit the Otomí community. Barry died in 2018, and Debora has continued to support Ojalá Niños through their foundation and as a member of Ojala's board of directors. In 2021

y por organizar dos paseos artísticos, que contaron con una gran asistencia y durante los cuales se vendieron muchas obras de arte de los niños.

Seena, Tony, Gael, Mateo, y Bella Benavides... la familia de California que trajo seis maletas llenas de suministros escolares para nuestros niños, todos comprados con fondos recaudados por los Estudiantes de 4to grado de Seena durante el año escolar en California.

Roberta Norris... quien enseñó las miniaturas como arte, lo que resultó en la creación, por parte de los niños, de 29 miniaturas en dos años. Las cajas de zapatos se convirtieron en galería de arte, mercado, biblioteca, heladería y muchas más obras hermosas.

Bonnie Lee Black... y sus marionetas, que eran personajes divertidos que entregaban mensajes sobre diversos temas, y deleitaron siempre a los niños.

Cathy Taylor... por instruir a los niños en la magia de pintar con tinta con alcohol.

Penny Scriber... por enseñar a los niños a dibujar y pintar el cuerpo de los caballos.

Ethan Feldman... quien, en su increíble espacio llamado *Nautilus Chamber*, enseña slackline: un deporte y arte para el entrenamiento del equilibrio, la recreación, el movimiento y meditación, así como baile libre y los conceptos básicos de salsa, bachata, vals, danza folclórica y hiphop.

Colleen Sorenson... por enseñar a los niños el concepto de los murales como arte público, y por hacer posible, casi sin ayuda de nadie, que muchos talentosos y experimentados muralistas de todo el mundo vinieran a San Miguel de Allende para crear arte.

Tony y Nana Horton... Tony es un profesional del tenis quien ha enseñado a niños en muchos países. Al descubrir Ojalá Niños, instaló una red portátil en la casa de Verónica y comenzó a compartir su pasión con los niños.

Barry Annino... quien vino de Dallas para donar nuevas raquetas de tenis, para trabajar con el centro deportivo del gobierno local para agregar canchas de tenis, organizar un campamento, y enseñar los conceptos básicos del tenis a 40 muy felices chicos de Ojalá Niños.

Debora Annino... quien, junto a su marido Barry, se ofreció a terminar de pagar el terreno de al lado de mi casa, el cual se convirtió en un centro comunitario y en espacios adicionales de aprendizaje para Ojalá Niños. Débora y Barry también crearon una nueva fundación llamada *Little Things Matter*, dedicada a la financiación de proyectos en beneficio de la Comunidad otomí. Barry murió en 2018

she and Anna Clark (publisher of *Heirloom Books*) began the awesome task of producing a beautiful book about Ojalá Niños called *The Open Gate*, using my stories and photos. All proceeds from the sales of the book go to benefit Ojala Niños.

To the friends who insisted that my stories and photographs should become a book, and helped to bring *It is to Wonder* into existence:

Cathy Taylor... with whom I've shared the joy of our good days and comfort on our bad days; the kind of friend who always says "We can do this." Many thanks for her assistance with the book, including searching through thousands of photos to find those needed for the stories

Scott Simmons... for his energy, patience, and perseverance in organizing and editing the stories to create this book... and for being a good friend who got pushy when I got lazy.

Robert J. Hawkins... for assisting with the editing of the stories... and convincing me that *It is to Wonder* is the "correct" name for the book. Also, for becoming such an enthusiastic cheerleader who—after reading the manuscript—wrote a beautiful response that gave me hope I was headed in the right direction.

Jon Welsh... for his design of the book and his photo preparation expertise... whose heart was in this venture because he believed "Your stories *must* be told, and your photos *must* be seen!" Also for demanding that the stories be told in both English and Spanish so that the students—former, present, and future—of Ojalá Niños could read the book as well

Erika Espada-Welsh... for her expertise—as a teacher of both English and Spanish for more than thirty years—in translating my words into español.

Suzanne Bacon... the special friend who organized the first thirty+ stories and kept the vision alive.

Sydney Rice... the early visionary who imagined the book as a work of art.

And, of course, to the children—without whom none of this would have happened. In all of my days with you, I saw only kindness and cooperation.

y Débora ha seguido apoyando a Ojalá Niños a través de su fundación y como miembro de la junta directiva de Ojalá niños. En 2021, ella y Anna Clark (editora de *Heirloom Books*) comenzaron la impresionante tarea de producir un hermoso libro sobre Ojalá Niños llamado *The Open Gate*, usando mis historias y fotografías. Todos los ingresos de las ventas del libro van a beneficio de Ojalá Niños.

A los amigos que insistieron en que mis historias y fotografías se convirtieran en un libro, y que me ayudaron a hacer realidad *Es para Maravillarse*:

> Cathy Taylor... con quien he compartido la alegría de nuestros buenos días y el consuelo en nuestros malos días; ella es el tipo de amiga que siempre dice "Podemos hacer esto." Muchas gracias por su ayuda con el libro, incluida la búsqueda entre miles de fotos para encontrar las necesarias para las historias.
>
> Scott Simmons... por su energía, paciencia y perseverancia en la organización y edición de las historias para crear este libro... y por ser un buen amigo que insistió en que yo continuara incluso cuando me sentí desganada.
>
> Robert J. Hawkins... por ayudar con la edición de las historias... y convencerme. Me dijo que *Es para Maravillarse* es el nombre "correcto" para el libro. Además, por ser un animador tan entusiasta que, después de leer el manuscrito, escribió una hermosa respuesta que me dio la esperanza de ir en la dirección correcta.
>
> Jon Welsh... por su diseño del libro y su experiencia en la edición de fotografías... cuyo corazón estaba en este proyecto porque creía y decía: "Tus historias deben ser contadas, y ¡Tus fotos deben ser vistas!" También por exigir que las historias se contaran en ambos idiomas, Inglés y español para que los alumnos–antiguos, presentes y futuros–de Ojalá niños también puedan leer el libro.
>
> Erika Espada-Welsh... por su experiencia–como profesora de inglés y español por más de treinta años–traduciendo mis palabras al español.
>
> Suzanne Bacon... la amiga especial que organizó las primeras trienta+ historias y mantuvo viva la visión.
>
> Sydney Rice... la primera visionaria que imaginó el libro como una obra de arte.

Y, por supuesto, a los niños, sin quienes nada de esto habría sucedido. En todos mis días con ellos solo vi bondad y cooperación.

About the Author

Elsmarie Linnea Norby is an American activist, musician and author, born in Chicago in 1940 to Swedish immigrants. She attended St. Olaf College and later the Julliard School, taking master's classes in chamber music. She moved to California in 1968.

During this period of social and political unrest, Norby was parenting four children and became immersed in early childhood education and community care. These two guiding forces would inform her life's path when she moved to Mexico in 1997.

For ten years she developed music programs in schools and neighborhoods which became "The Singing Children of San Miguel de Allende." In 2007 she moved to the Indigenous community of San Miguel Viejo where she continued her passion for responding to those in need and the curious children who daily passed by her gate.

The relationships she built with her new neighbors became the inspiration for her memoir, a collection of stories meant to illuminate the daily realities of the lives of the millions of people disenfranchised by so many others.

It Is To Wonder are writings equally informed by her political convictions and her commitment to bettering the lives of children through art, music, and literacy.

Sobre el Autor

Elsmarie Linnea Norby es una activista, música y autora estadounidense, nacida en Chicago en 1940 de inmigrantes suecos. Asistió a la universidad Saint Olaf y más tarde a la prestigiosa escuela Julliard para tomar clases de maestría en música de cámara. Se mudó a California en 1968.

Durante este período de malestar social y político, Norby era madre de cuatro hijos y se sumergió en la educación infantil y en la atención comunitaria. Estas dos fuerzas marcarían el camino de su vida cuando se mudó a México en 1997.

Durante diez años Elsmarie desarrolló programas musicales en escuelas y barrios los que se convirtieron en "Los Niños Cantores de San Miguel de Allende." En 2007 se mudó a la comunidad indígena de San Miguel Viejo donde continuó su pasión por ayudar a los necesitados y a los curiosos niños que diariamente pasaban por su puerta.

Las relaciones que construyó con sus nuevos vecinos se convirtieron en la inspiración para sus memorias, una colección de historias destinadas a iluminar la realidad cotidiana de la vida de los millones de personas privadas de sus derechos por muchos.

Es para Maravillarse son escritos igualmente influenciados por sus convicciones políticas y su compromiso con mejorar las vidas de los niños a través del arte, la música, y la alfabetización.

Elsmarie Norby, hija de inmigrantes suecos, nació en Chicago en 1940. Continuó sus estudios en St. Olaf y Juilliard, luego viajó mucho y dedicó gran parte de su vida a la música y la fotografía. En 1994, por invitación de unos conocidos de México, visitó por primera vez San Miguel de Allende en el altiplano central de México. En su primera mañana allí, supo que finalmente había encontrado su verdadero hogar.

Tres años más tarde tomó la decisión y, en poco tiempo, ella y una amiga estaban organizando coros de niños en escuelas y orfanatos de toda la zona.

Una década después, a los 67 años y buscando una vida más tranquila y menos ocupada, Elsa construyó una casa en San Miguel Viejo, un pequeño pueblo rural en las afueras de San Miguel de Allende. Sus nuevos vecinos eran principalmente indígenas otomíes, que vivían en circunstancias que se considerarían pobreza abyecta en gran parte del mundo. Como mujer blanca, extranjera y forastera desconocida, Elsmarie inmediatamente se convirtió en una especie de curiosidad.

Pero los niños son curiosos, y especialmente los de su nuevo vecindario. Desde el día en que compartió lápices nuevos y simples hojas de papel en blanco con los niños que miraban a través de su puerta, quedó claro que su vida menos ocupada estaba destinada a no ser así, y su mayor aventura había comenzado.

Esta colección de historias relata el tiempo de Elsmarie en México y la fundación de lo que se conoce como Ojalá Niños (Niños Esperanzados), una organización sin fines de lucro que ofrece clases de arte, música y más, para fomentar la confianza en sí mismos, la libre expresión y la creatividad, y mejorar el futuro de estos niños.

Elsmarie tiene 4 hijos, 5 nietos, 3 bisnietos y es por siempre una hermosa fuente de inspiración para todos los que la conocen.

Es para Maravillarse es una hermosa colección de memorias escritas por Elsmarie Norby, una gran mujer que llegó a un pequeño lugar de México con la intención de retirarse y sin siquiera planearlo empezó a cambiar la vida de los más necesitados a través de la música, el arte, la alfabetización. Pero sobre todo a través de su gran amor por los niños.

— **Erika Espada-Welsh**, profesora y escritora

Es imposible decir quién es más afortunado: Elsmarie o la comunidad que abrazó y describe en sus historias. Los verdaderos ganadores pueden ser aquellos que lean estas encantadoras memorias de una mujer humilde y decidida que ha logrado cosas maravillosas.

— **Robert J. Hawkins**, editor y escritor

Made in the USA
Las Vegas, NV
29 April 2024